Philipp Werner

Unterwegs ins Gelobte Land

Philipp Werner

UNTERWEGS INS GELOBTE LAND

Ein Fastenbegleiter

mit Bildern von Wilhelm Geyer

Philipp Werner, geboren in Bonn, aufgewachsen in Ulm, Studium der Rechtswissenschaften, der Theologie und des kanonischen Rechts in Bonn und München. Rechtsanwalt und Fachanwalt für Medizinrecht. Promotion zum Lizentiaten des kanonischen Rechts. Priester der Erzdiözese München und Freising, derzeit als Pfarrer von St. Michael in Poing bei München.

Bibliografische Information der Deutschen Nationalbibliothek:
Die Deutsche Nationalbibliothek verzeichnet diese Publikation in der Deutschen Nationalbibliografie; detaillierte bibliografische Daten sind im Internet über http://dnb.dnb.de abrufbar.

Verlag:
BoD · Books on Demand GmbH, In de Tarpen 42, 22848 Norderstedt, bod@bod.de

Druck:
Libri Plureos GmbH, Friedensallee 273, 22763 Hamburg

ISBN: 978-3-7583-5140-2

Inhalt

Widmung

Dieses Buch ist meiner Taufpatin Hanne Geyer
und meinem Taufpaten Otfried Kober gewidmet,
die mir im Glauben und Denken Vorbilder bleiben.

Requiescant in pace.

Vorwort von Weihbischof Bernhard Haßlberger

Liebe Pilgernde ins „Gelobte Land"!

Sie machen „Fastenexerzitien" anhand des Buches Exodus, d.h. Sie gehen mit Israel aus Ägypten, durch das Schilfmeer und die Wüste ins Gelobte Land. Sie werden anhand der Texte und Gebete darüber nachdenken, was das mit unserem Leben zu tun hat.

Eine Grundfrage unseres Lebens ist ja, ob wir einen festen Boden unter unseren Füßen haben: Gibt es etwas oder jemanden, das uns hält und trägt? Es ist dies eine Frage, die uns Angst macht. Was ist, wenn es nichts und niemanden gibt? Wenn wir unser Leben anschauen, wird deutlich, dass wir viel tun, um unser Leben zu sichern. Letztlich sind aber unsere menschlichen Bemühungen zum Scheitern verurteilt. Diese Angst nimmt die Bibel auf. Sie möchte uns aus der Angst zum Vertrauen führen, dass Gott es ist, der uns hält und trägt. Das geschieht in der Bibel nicht theoretisch, sondern indem sie uns Menschen, im Alten Testament das Volk Israel, vor Augen führt, die den Weg des Lebens gegangen sind, auch durch ausweglose Situationen, und bekennen, dass sie dabei Gottes Führung und seine Hilfe erfahren haben.

Die Grunderfahrung Israels war der Auszug aus Ägypten und die Wüstenwanderung. Hier hat dieses Volk am stärksten seine Hilfe erfahren. Ausdrucksstark ist der Durchzug durch das Schilfmeer, den Sie am Montag in der dritten Fastenwoche betrachten werden. In Vers 22 des 14. Kapitels heißt es:

„So gingen denn die Israeliten trocknen Fußes mitten durch das Meer, während die Wasser ihnen wie eine Wand zur Rechten und zur Linken standen."

Mit dieser Formulierung versteht es der Verfasser, das einmalige geschichtliche Ereignis für alle Zeit fruchtbar zu machen. Wasser ist selbstverständlich ein Symbol für Leben. Ohne Wasser gibt es kein Leben. Wasser ist aber auch seit alter Zeit ein Zeichen für den Untergang. Zu aller

Zeit gab es Überschwemmungen und die Menschen in der Antike hatten Angst, dass die „Chaoswasser von unten" sie verschlingen. Auch heute noch haben Albträume oft mit mächtigen, verschlingenden Wassern zu tun.

Mit dieser Aussage beim Durchzug macht der Verfasser die Grunderfahrung Israels deutlich: Wir gingen und gehen unseren Weg, während zu beiden Seiten die Gefahren lauern. Unser Leben war und ist immer gefährdet, aber wir sind durch-gekommen, weil Gott bei uns ist und unsere Wege mit uns geht.

Aus dieser Erfahrung heraus, feiert Israel noch heute jedes Jahr das Paschafest. Es ist das Fest der Rettung und des Gottes, der uns hält.

Auf diesem Hintergrund feiern wir Ostern, das Fest des Lebens: Sogar durch den Tod kommen wir zum Leben, d.h. dass sogar im Tod Gott uns hält und trägt. Jesus ist uns diesen Weg voraus gegangen.

Für Ihren Weg durch die Fastenzeit, vor allem aber für Ihren Lebensweg, wünsche ich Ihnen, dass Sie immer wieder die Nähe Gottes und seinen Halt erfahren.

+ Dr. Bernhard Haßlberger
Weihbischof emeritus in Freising

Der Weg dieser Exerzitienreise

Die österliche Bußzeit ist eine echte Fastenzeit. Eine Zeit, in der wir uns zurücknehmen, vielleicht bewusst auf etwas verzichten, innehalten und darüber nachdenken, wer wir sind und wie wir leben – mit uns, mit unseren Mitmenschen und nicht zuletzt mit Gott. Christus selbst hat 40 Tage in der Wüste gefastet, bevor er sich aufmachte, uns Menschen den Weg zum Heil zu erschließen. Der Sinn des Fastens ist es, den Kopf freizubekommen von Unwichtigem und Nebensächlichem, um wieder ganz auf den Vater schauen zu können, dem wir alles verdanken, der uns ins Leben gerufen hat, und auf den Sohn, der uns vorausgegangen ist vom Tod zum Leben. Gehen wir ihm in diesem Jahr bewusst nach und öffnen wir uns gezielt seinem Heiligen Geist, dass er uns begleite und anleite, uns erhelle, was wir nicht verstehen, und uns helfe, unseren Glauben zu vertiefen, unsere Hoffnung zu stärken und unsere Liebe zu ihm in der Welt Frucht bringen zu lassen.

Wir gehen in dieser Zeit im Geiste den Weg Israels nach. Der Auszug aus Ägypten ist ein Kernmoment des Judentums. Er markiert den Beginn einer Suche nach Heimat, die der Überlieferung nach 40 Jahre andauert. In dieser Zeit erlebt das Volk Israels Wesentliches: Gott offenbart sich gegenüber Mose im brennenden Dornbusch und nennt ihm seinen Namen. Gott führt Israel aus der Ägyptischen Sklaverei durch das Rote Meer in die Freiheit. Gott begleitet Israel auf seinem Zug durch die Wüste mit Mahnung und Belehrung, wundersamer Hilfe und auch mit konsequenter Strenge.

Die Bibel ist kein historisches Nachschlagewerk. Sie berichtet keine Chronologie von Ereignissen, sondern geht von einem geschichtlichen Faktum aus, das sie dem Wirken Gottes zuschreibt. Im Text sind Urerfahrungen und Urängste ebenso verarbeitet, wie reale Ereignisse eines Volkes, das im Rahmen einer Völkerwanderung in einem feindlichen Umfeld neues Land sucht und findet. Viel Symbolik begegnet uns, nicht jede Zahl ist verlässlich, aber hinter allem leuchtet immer das Moment auf, dass hier jemand von der wirklichen Begegnung und Auseinandersetzung eines

Volkes mit Gott berichtet, in dessen Umfeld Wunderbares ebenso geschieht wie Schreckliches.

Nur 40 Tage dauert die christliche Fastenzeit vor dem Osterfest. Wir gehen sie auf den Spuren des Volkes Gottes zusammen mit dem, der dieses Volk im Namen des Einen anführt: Mose. Er ist die zentrale Person, die als Leitfigur und Vorbild dient, aber zugleich Prototyp und Ideal eines Menschen ist, der von Gott berufen ist, vor ihm zu stehen und ihm zu dienen. Und der dadurch ein ganzes Volk zum Heil führen kann. Wir begleiten ihn und damit den, der das Volk zwar anführt, aber nicht mehr hineinbegleitet in das Gelobte Land.

Gott schließt mit Mose und dem Volk Israel einen heiligen Bund, den er auch immer wieder erneuert, wenn die Menschen schwach werden und Gott vergessen. Erneuern auch wir in dieser Fastenzeit unseren Bund, den Gott mit uns in der heiligen Taufe geschlossen hat! Alle Christen ruft Gott durch die Taufe beim Namen, jedem sagt er seine Begleitung und Hilfe zu, für jeden will er treuer Begleiter auf dem Lebensweg sein. Für alle hat er ein Ziel.

So wird die Fastenzeit zur Exerzitienreise im Alltag. Für jeden Tag der Fastenzeit finden sich Schrifttexte, Impulse, Gebetsanregungen und ein Kunstwerk, das uns vielleicht hilft, die Texte und unsere eigene Situation in einem neuen Licht zu sehen. Ich wünsche allen, die sich auf die Reise durch diese 40 Tage machen, die frohmachende und lebensspendende Erfahrung des Mose, der mit dem Volk Israel 40 Jahre durch die Wüste irrt und bemerkt: Gott begleitet uns alle Tage, er ist treu, er steht zu uns, wenn wir uns immer wieder neu auf ihn hin ausrichten. Und diese Erfahrung des Mose deutet hin auf Jesus Christus, dem wir in dieser Exerzitienreise und im Leben nachfolgen: Denn er ist es, der uns zu Beginn seines Wirkens zuruft: „Die Zeit ist erfüllt und das Reich Gottes nahe; kehrt um und glaubt an das Evangelium!" (Mk 1,15).

Er verlangt von uns keine Demutsgesten, sondern ruft uns zur freiwilligen Nachfolge aus Liebe und Freundschaft. Das führt uns in das endgültige, ewige Gelobte Land, welches uns Jesus Christus durch sein Leben, Sterben und Auferstehen erschlossen hat und das er all denen verspricht, die auf sein Wort hören und ihm nachfolgen. Nehmen wir sein Beispiel ernst und folgen ihm in der gleichen Geduld, wie sie Moses gehabt hat, um seinen Auftrag Gottes zu erfüllen. Denn Jesus ist es, der uns verspricht: "Ich bin gekommen, damit sie das Leben haben, und es in Fülle haben!" (Joh 10,10).

Gottes + Segen allen, die auf diese Weise neu aufbrechen!

Pfarrer Lic.iur.can. Philipp Werner
St. Leonhard in Passeier im Januar 2025

Zur Person Wilhelm Geyer

Die Bilder des Mose in diesem Buch stammen von Wilhelm Geyer (* 1900 in Stuttgart, † 1968 in Ulm). Er gilt als einer der bedeutendsten christlichen Künstler des 20. Jahrhunderts. 1919 bis 1926 studierte er an der Kunstakademie Stuttgart als Meisterschüler von Christian Landenberger. 1927 übersiedelte er nach Ulm. 1929 beteiligte er sich an der Gründung der Künstlergruppe Stuttgarter Neue Sezession und übernahm deren Vorsitz. Wilhelm Geyer schuf als Vertreter des expressiven Realismus in einer Zeit schwerster Krisen zahlreiche sakrale Kunstwerke, die seinen starken christlichen Glauben ausdrücken. 1937 bereits wurde er deswegen von den Nationalsozialisten als „entarteter Künstler" geschmäht. Seine prominent ausgestellten Werke in der Staatsgalerie Stuttgart und dem Ulmer Museum wurden großteils vernichtet.

1940 bis 1942 musste er als Soldat in den 2. Weltkrieg. 1943 wurde er wegen seiner Verbindung zum Kreis der Weißen Rose um die Geschwister Hans und Sophie Scholl, die er als Ulmer kannte und denen er sein Münchner Atelier zur Verfügung gestellt hatte, von der Gestapo verhaftet. Im Prozess vor dem Sondergericht 2 beim Landgericht München wurde er am 13. Juli 1943 mangels Beweise freigesprochen. Wilhelm Geyer und seine Familie überlebten den Wahn der NS-Zeit auch dank der katholischen Kirche, die ihn mit zahlreichen Aufträgen im und nach dem Krieg versah.

Nach dem Krieg bemühte sich Geyer um die Wiedereröffnung der Stuttgarter Kunstakademie und initiierte die Beuroner Kunsttage. Er war Dozent an der von Inge Aicher-Scholl wiedereröffneten Volkshochschule Ulm und Mitglied der sogenannten Freien Gruppe im Württembergischen Kunstverein Stuttgart. Auch international war Wilhelm Geyer als Vorstand der Deutschen Gesellschaft für Christliche Kunst in München und Mitglied der Société internationale des Artistes Chrétiens bekannt und wurde für sein Werk mehrfach ausgezeichnet, u.a. mit dem Professorentitel.

Vor allem Geyers große Bleiglasfenster sind bis heute Zeugnisse seines Kunstverständnisses ebenso wie seines Glaubens. Sie finden sich unter anderem im Kölner Dom und im Ulmer Münster sowie in den Kathedralen von München, Aachen, Regensburg, Rottenburg und Xanten und in vielen weiteren Kirchen in Deutschland. Weniger prominent sind Wilhelm Geyers Drucke. Aber auch sie sind bildmächtige Zeugnisse der tiefen Befassung Geyers mit den biblischen Grundlagen unsers Glaubens.

Die Mappe „Moses" entstand nach dem 2. Weltkrieg zwischen 1945 und 1947. In der Druckerei von Josef Blessing in Ulm wurden 1947/1948 nur 100 Exemplare dieser Lithographiensammlung gedruckt. Geyer konzentriert sich hier auf den Charakter des Mose. Seine 40 Zeichnungen porträtieren diesen in den verschiedenen Funktionen, die ihn zur großen Figur des Exodus machten. Geyer zeigt die Identifikationsfigur des Judentums als mutigen, emotionalen, aber auch herausgeforderten Menschen. Er, den Gott zu seinem Mittler und Sprachrohr erwählt, kämpft mit seinem Selbstverständnis genauso wie mit der Anerkennung, die ihm sein eigenes Volk, das er aus der Sklaverei führt, nicht wie erhofft entgegenbringt. Mose, der Anführer und Verbrecher, der Eiferer und Zweifler, der Prophet und Begründer des Priestertums des Alten Bundes, der Gesetzeslehrer und Richter und der flehentliche Beter für das immer wieder untreu werdende Volk Israel. Nur wenige Striche genügen Wilhelm Geyer, um jedes einzelne Bild zu einem Charakterporträt zu machen, das uns herausfordert, unsere Haltung zu hinterfragen und unser Verhältnis zu Gott neu zu entdecken.[A]

Dazu sind wir besonders in der Fastenzeit eingeladen. Jeden einzelnen Tag der Fastenzeit begleitet uns Wilhelm Geyer mit einem Mose-Porträt – und an den Sonntagen mit einem großen Kirchenfenster aus seiner Hand.

[A] Die von Wilhelm Geyer selbst gewählten einzeiligen Bildüberschriften wurden hier übernommen, allerdings wurde dabei der Gottesname JHWH überall da eingesetzt, wo Geyer den in Teilen der damaligen Theologie benutzten (sprachlich falschen und politisch oft bewusst missbrauchten) Begriff „Jehova" verwendete. Außerdem folgt die Zitation der katholischen Zitierweise der Bibel.

Anregungen zur Schriftlesung

Zusätzlich zu Wilhelm Geyers Bildern gehen wir den Weg des Volkes Israel mit Mose durch die Wüste ins Gelobte Land anhand der biblischen Texte aus den biblischen Büchern Exodus, Numeri und Deuteronomium. Sie sollen einen mal kurzen, mal längeren Impuls zum Meditieren und Beten geben.

Am besten nehmen wir uns täglich eine bestimmte Zeit von 5-10 Minuten, die in Ruhe vom Alltag besonders gestaltet werden kann. Gehen wir mit den hier angebotenen Bildern und Texten einen ganz persönlichen Weg durch diese Tage; vielleicht bei einem Kreuz, mit einer Kerze, beginnend mit dem Kreuzzeichen und in großer innerer Ruhe. Der Weg geht vom Hören über das Schauen zum Beten. Das kann in sieben Schritten geschehen:

1. Ruhig werden und den Herrn mit der Bitte um seinen Heiligen Geist bewusst zur Begegnung mit ihm willkommen heißen.
2. Den Text einmal aufmerksam und so konzentriert wie eben möglich durchlesen.
3. Beim Text verweilen, indem man die Worte betrachtet, die beim Lesen etwas in uns ausgelöst und uns bewegt haben.
4. Eine Weile schweigend über das Gelesene nachdenken.
5. Den Text noch einmal lesen.
6. Sich fragen, was die Schriftstelle mir heute gesagt oder gebracht hat, Ermutigung wie Herausforderung, Bestätigung oder Anfrage.
7. Im Gebet Gott anvertrauen, was für mich wichtig ist.

Die Texte sind keine Pflichtlektüre, sie sind Angebote. Sind sie einmal zu lang, dann ist es kein Beinbruch, sie nur zu überfliegen, es ist aber sinnvoll, wenigstens den Kerntext, auf den sich die Bildbetrachtung bezieht, kurz zu verinnerlichen. Vielleicht finden wir durch die dadurch gewonnenen Impulse auch ganz Anderes, Größeres. Dann haben die Impulse ihr Ziel erreicht. Es kommt nicht darauf an, jedes Wort gelesen zu haben. Nur das Beten für uns selbst und füreinander, das wollen wir uns als Fastenopfer jeden Tag fest versprechen.

In diesem Buch werden die Texte der sogenannten Menge-Bibel verwendet. Hermann Menge (1841-1939) war Altphilologe und Zeitgenosse Geyers. Wie Geyer war Menge kein Theologe, sah sich aber mit seiner Bibelübersetzung genauso der Verbreitung der Frohbotschaft verpflichtet wie Wilhelm Geyer mit seiner Kunst. Menges Sprache und Diktion entsprechen in Vielem dem, was Geyer zu den Mose-Bildern notiert hat. Die Menge-Bibel war philologisch in der unmittelbaren Nachkriegszeit auf dem neuesten Stand und ist es weitgehend immer noch. Mit hoher Wahrscheinlichkeit hat Geyer diese Übersetzung gekannt.

Die Authentizität, aber auch die ungewohnte Sprache, die wir eben so nicht aus der Liturgie kennen, kann uns helfen, uns einmal neu und anders auf die Entdeckung der Heiligen Schrift einzulassen.

Bei der Übernahme dieser Bibelübersetzung wurde bewusst die alte Rechtschreibung beibehalten. Inhaltlich wurde der Text nur an einzelnen Stellen leicht geglättet. Vereinzelt waren Übersetzungshilfen nötig. Zugleich wurden Zwischenüberschriften eingefügt, die die Lesbarkeit erhöhen können, indem die Schriftbetrachtung in Sinnabschnitte eingeteilt wird.

Anregungen zur Bildbetrachtung

Ähnlich wie die Schriftbetrachtung können uns die Bilder in dieser Fastenzeit helfen, einen neuen Blick auf die Heilige Schrift zu werfen. Sie stammen alle von Wilhelm Geyer. Er macht in unterschiedlicher Weise Gottes Botschaft sichtbar: in leuchtenden Farben und kleinteiliger Fragmentierung der Kirchenfenster einerseits und in den kraftvollen, nüchtern schwarz-weiß geschaffenen Strichzeichnungen des Mose andererseits.

Wenn wir hier den Bildern Geyers begegnen, können wir ebenfalls in mehreren Schritten eine Annäherung und Verinnerlichung versuchen:

1. Das Bild ganz genau in Ruhe betrachten und dabei im Geiste sich selbst beschreiben, was ich ganz konkret auf dem Bild sehe.
2. Beobachten, wie der Künstler einzelne Bildkomponenten zueinander in Beziehung setzt, Schwerpunkte setzt oder Beziehungen darstellt.
3. Genauer hinschauen, welche Form, welcher Strich oder welche innere Dynamik des Bildes gegeben ist. Bei den Kirchenfenstern gilt anders als bei Grafiken: es kommt nicht auf das Detail an, sondern auf die Wirkung von Farbe und Form.
4. Für sich selbst entdecken, was das Bild ausdrückt, wie es in Beziehung steht zur vom Künstler gewählten Unterschrift und zum Schrifttext, den es sichtbar macht, was es davon zeigt und was nicht, was hervorgehoben wird und was unterbleibt.
5. Die Bedeutung für mich selbst erforschen, was anspricht oder nicht, was mir gefällt oder missfällt, und wie mich dieses Bild motiviert, meinen eigenen Blick auf die Schriftstelle zu vertiefen, beizubehalten oder aber zu verändern.

Auch hier gilt: es kommt nicht darauf an, wieviel Zeit ich mit der Bildbetrachtung verbringe, sondern wie viel Liebe ich dafür aufbringe, in diesem Medium der Kunst meinen Weg mit Gott zu suchen und vielleicht zu entdecken.

Die Hauptsache: Das Gebet

Ziel und Ergebnis von Schrift- und Bildbetrachtung soll sein, mit Gott ins Gespräch zu kommen, also zu beten. Für jeden Tag finden sich hier Anregungen dazu. An den Sonntagen sind dies die Tagesgebete der Liturgie, mit denen wir uns verbinden zum großen Gebet der Kirche, die auf der ganzen Welt an diesem Tag gemeinsam so zu Gott ruft. An den anderen Tagen sind es oft nur Impulse zum höchstpersönlichen Gespräch mit Gott. Sie wollen anregen, weiter zu denken, zu fragen und zu reden ...

Beten wir dabei in allen Anliegen, die uns persönlich wichtig sind. Nichts ist zu unwichtig, so dass es nicht mit Gott besprochen werden könnte und niemand ist zu unbedeutend oder zu weit weg von Gott, dass man nicht gerade für ihn oder sie beten kann. Bringen wir das einfach in persönliche Worte aus dem Grund unseres Herzens.

Beten wir dabei gerade auf dieser Exerzitienreise auch füreinander und miteinander in allen gemeinsamen Anliegen: für die ganze heilige Kirche, für den Papst, die Bischöfe, Priester und Diakone, vor allem um Priester- und Ordensberufungen, für die Regierenden in der Welt, vor allem um Frieden in allen Kriegs- und Krisengebieten, für unsere Pfarrei, für unsere Städte und Gemeinden, für unsere Familien, für alle, die jungen Menschen etwas beibringen oder ihnen Vorbild sind, für alle, die in tätiger Nächstenliebe den Notleidenden, Armen, Kranken und Verzweifelten beistehen, für alle, die Schwierigkeiten haben in Beziehungen oder im Glauben, für alle, um die wir uns sorgen und die wir lieben, für die Sterbenden und für alle, die den Weg durch dieses Leben im Tod vollendet haben und die der Herr nun ins Gelobte Land des ewigen Lebens führen möge.

Lassen wir uns dafür wirklich Zeit! Denn das ist der Moment dieser Exerzitienreise, an dem jeder für sich und doch alle gemeinsam immer wieder unterwegs innehalten und uns und einander der Führung und dem Schutz Gottes anvertrauen. Hier ist auch Raum für Meditation und tiefes, stilles Beten, zuhause in der Ruhe eines Zimmers oder vielleicht auch vor dem Allerheiligsten im Tabernakel oder der Monstranz in einer Kirche.

Zum Abschluss der täglichen Exerzitienbetrachtung wollen wir in dieser Fastenzeit mit den immer gleichen, allgemein bekannten Gebeten eine feste Gebetsgemeinschaft bilden. So wissen wir: gleich wie intensiv oder aufmerksam ich heute mit Gott gesprochen habe, bete ich zusammen mit allen anderen, die sich mit mir auf den Weg der 40 Tage gemacht haben, mit denselben Worten, die aus der Tiefe des Gebetsschatzes unserer Kirche auf uns gekommen sind.

Die Grundgebete

1. **Vater unser** im Himmel, geheiligt werde Dein Name,
Dein Reich komme,
Dein Wille geschehe, wie im Himmel so auf Erden.
Unser tägliches Brot gib uns heute.
Und vergib uns unsere Schuld,
wie auch wir vergeben unsern Schuldigern.
Und führe uns nicht in Versuchung,
sondern erlöse uns von dem Bösen.

   Denn Dein ist das Reich und die Kraft und die Herrlichkeit in Ewigkeit.
Amen.

2. **Herr, wie du willst**, soll mir geschehn,
und wie du willst, so will ich gehn,
hilf deinen Willen nur verstehn.

   Herr, wann du willst, dann ist es Zeit,
und wann du willst, bin ich bereit,
heut und in alle Ewigkeit.

   Herr, was du willst, das nehm ich hin,
und was du willst, ist mir Gewinn,
genug, dass ich dein eigen bin.

   Herr, weil du's willst, drum ist es gut,
und weil du's willst, drum hab ich Mut,
mein Herz in deinen Händen ruht.
Amen.

3. **Ehre sei dem Vater** und dem Sohn und dem Heiligen Geist.
Wie im Anfang so auch jetzt und alle Zeit und in Ewigkeit.
Amen.

4. **Gegrüßet seist du, Maria**, voll der Gnade.
   Der Herr ist mit dir.
   Du bist gebenedeit unter den Frauen,
   und gebenedeit ist die Frucht deines Leibes: Jesus.
   Heilige Maria, Mutter Gottes,
   bitte für uns Sünder
   jetzt und in der Stunde unseres Todes.
   Amen.

Aufbrechen

Ich mache mich auf den Weg. Mein Interesse hat mich hierhergebracht. Vielleicht auch mein Kunstsinn. Oder war es die Einladung einer befreundeten Stimme? Oder ein Rat eines gutmeinenden Bekannten?

Jedenfalls bin ich hier und gehe los. Das Ziel liegt noch fern, aber es lockt mich. Ich freue mich auf den Weg dahin.

Meine besten Vorsätze habe ich im Gepäck, aber auch meine Befürchtungen, wie lange der Vorrat an Enthusiasmus wohl ausreicht.

Ich verlasse mich auf meine Sinne: ein scharfes Auge für Details, ein waches Ohr für die Botschaft des Herrn, eine empfindsame Nase für Begegnungen oder Dinge, die mir auf diesem Weg behindern könnten, eine vorsichtige Zunge, die sich vor zu viel ablenkendem Geschwätz hütet, – und vor allem die Kraft meines Körpers, der gesund durch diese Tage kommen will und dazu Einschränkungen und Fasten auf sich nimmt, um gut anzukommen.

Auf geht's! Ausbrechen aus der Gefangenschaft des Alltags! Ich will mich mit Mose auf den Weg machen, denn vielleicht ist seine Reise meiner eigenen ähnlicher als ich momentan vermute.

Und vielleicht komme ich mir selbst auf dem Weg ein wenig näher.

Und am Ende begegne ich womöglich Gott ...

Umschlaggraphik der Lithographienmappe „Moses" von Wilhelm Geyer

Unverwandt blickt Mose den Betrachter mit großen Augen an. Er öffnet den Mund, um von Gott zu berichten. Fast wie bei Jesus umglänzt sein Haupt im Hintergrund ein kreuzförmiger Schimmer. Aber er ist nicht Jesus. Sein Name krönt sein Haupt wie Strahlen, die von ihm ausgehen (vgl. Ex 34,29). Mose muss sich selbst vorstellen, aber er deutet schon den an, der nach ihm kommt und der aufgrund des Kreuzes keiner Vorstellung mehr bedarf.

Aschermittwoch

Lesung aus dem Buch Exodus

1

Bedrückung und Errettung der Israeliten in Ägypten [1] **Dies sind die Namen der Söhne Israels, die nach Ägypten gekommen waren – mit** *Jakob waren sie gekommen, ein jeder mit seiner Familie –:* [2] *Ruben, Simeon, Levi und Juda;* [3] *Issaschar, Sebulon und Benjamin;* [4] *Dan und Naphthali, Gad und Asser.* [5] *Die Gesamtzahl der leiblichen Nachkommen Jakobs betrug siebzig Seelen; Joseph aber hatte sich (bereits) in Ägypten befunden.* [6] *Als aber Joseph und alle seine Brüder, überhaupt alle gestorben waren, welche in jener Zeit gelebt hatten,* [7] *vermehrten sich die Israeliten gewaltig und wurden über alle Maßen zahlreich und stark, so daß das Land voll von ihnen wurde.* [8] *Da kam ein neuer König in Ägypten zur Regierung, der Joseph nicht gekannt hatte.* [9] *Der sagte zu seinem Volk:* »Seht, das Volk der Israeliten wird uns zu zahlreich und zu stark. [10] *Wohlan, wir wollen klug gegen sie zu Werke gehen, damit ihrer nicht noch mehr werden; sonst könnte es geschehen, daß, wenn ein Krieg ausbräche, sie sich auch noch zu unsern Feinden schlügen und gegen uns kämpften und aus dem Lande wegzögen.«*

[11] *So setzten sie denn Fronvögte über das Volk, um es mit den Fronarbeiten, die sie ihm auferlegten, zu bedrücken; und es mußte für den Pharao Vorratsstädte bauen, nämlich Pithom und Ramses.* [12] *Aber je mehr man das Volk bedrückte, desto zahlreicher wurde es und desto mehr breitete es sich aus, so daß die Ägypter ein Grauen vor den Israeliten empfanden.* [13] *Daher zwangen die Ägypter die Israeliten gewaltsam zum Knechtsdienst* [14] *und verleideten ihnen das Leben durch harte Fronarbeit in Lehm- und Ziegelsteinen und durch allerlei Feldarbeit, lauter Dienstleistungen, die sie zwangsweise von ihnen verrichten ließen.*

[15] *Da erteilte der König von Ägypten den hebräischen Hebammen, von denen die eine Siphra, die andere Pua hieß, folgenden Befehl:* [16] »Wenn ihr den Hebräerinnen bei der Geburt Hilfe leistet, so gebt bei der Entbindung wohl acht: wenn das Kind ein Knabe ist, so tötet ihn! ist es aber ein Mädchen, so

mag es am Leben bleiben!« [17] Aber die Hebammen waren gottesfürchtig und befolgten den Befehl des Königs von Ägypten nicht, sondern ließen die Knaben am Leben. [18] Da rief der König von Ägypten die Hebammen zu sich und fragte sie: »Warum verfahrt ihr so und laßt die Knaben am Leben?« [19] Die Hebammen antworteten dem Pharao: »Ja, die hebräischen Frauen sind nicht so (schwächlich) wie die ägyptischen, sondern haben eine kräftige Natur; ehe noch die Hebamme zu ihnen kommt, haben sie schon geboren.« [20] Gott aber ließ es den Hebammen gut ergehen. So vermehrte sich denn das Volk stark und wurde sehr zahlreich; [21] und weil die Hebammen gottesfürchtig waren, verlieh Gott ihnen reichen Kindersegen. [22] Da befahl der Pharao seinem ganzen Volke: »Jeden neugeborenen Knaben (der Hebräer) werft in den Nil, alle Mädchen aber laßt am Leben!«

2 *Jugend des Mose* [1] Nun ging ein Mann aus dem Stamme Levi hin und heiratete eine Levitin. [2] Diese Frau wurde Mutter eines Sohnes; und als sie sah, daß es ein schönes Kind war, verbarg sie ihn drei Monate lang. [3] Als sie ihn dann nicht länger verborgen halten konnte, nahm sie für ihn ein Kästchen von Papyrusrohr, machte es mit Erdharz und Pech dicht, legte das Knäblein hinein und setzte es in das Schilf am Ufer des Nils. [4] Seine Schwester aber mußte sich in einiger Entfernung hinstellen, um zu sehen, was mit ihm geschehen würde.

[5] Da kam die Tochter des Pharaos an den Nil hinab, um zu baden, während ihre Dienerinnen am Ufer des Stromes hin und her gingen. Da erblickte sie das Kästchen mitten im Schilf und ließ es durch ihre Leibmagd holen. [6] Als sie es dann öffnete, siehe, da lag ein weinendes Knäblein darin! Da fühlte sie Mitleid mit ihm und sagte: »Das ist eins von den Kindern der Hebräer.« [7] Da fragte seine Schwester die Tochter des Pharaos: »Soll ich hingehen und dir eine Amme von den Hebräerinnen holen, damit sie dir den Knaben nährt?« [8] Die Tochter des Pharaos antwortete ihr: »Ja, gehe hin!« Da ging das Mädchen hin und holte die Mutter des Kindes. [9] Die Tochter des Pharaos sagte zu dieser: »Nimm dieses Knäblein mit und nähre es mir! Ich will dir den Lohn dafür geben.« So nahm denn die Frau das Knäblein und nährte es. [10] Als der

Knabe dann größer geworden war, brachte sie ihn der Tochter des Pharaos; die nahm ihn als Sohn an und gab ihm den Namen Mose; »denn«, sagte sie, »ich habe ihn aus dem Wasser gezogen«.

[11] *Zu jener Zeit nun, als Mose zum Mann geworden war, ging er (einmal) zu seinen Volksgenossen hinaus und sah ihren Fronarbeiten zu. Da sah er, wie ein Ägypter einen Hebräer, einen von seinen Volksgenossen, schlug.* [12] *Da blickte er sich nach allen Seiten um, und als er sah, daß kein Mensch sonst zugegen war, erschlug er den Ägypter und verscharrte ihn im Sand.* [13] *Am folgenden Tage ging er wieder hinaus und sah, wie zwei Hebräer sich miteinander zankten. Da sagte er zu dem, der im Unrecht war: »Warum schlägst du deinen Volksgenossen?«* [14] *Der gab zur Antwort: »Wer hat dich zum Obmann und Richter über uns bestellt? Willst du mich etwa auch totschlagen, wie du den Ägypter totgeschlagen hast?« Da erschrak Mose, denn er sagte sich: »So ist also die Sache doch ruchbar geworden!«.*

Lithographie Nr. 1: Mose erschlägt den Ägypter (Ex 2,12)

Mord und Totschlag stehen am Beginn des Weges mit dem erwachsenen Mose. Nichts ist zu sehen von dem niedlichen Kind im Binsenkörbchen. Wilhelm Geyer beginnt den Weg ins Gelobte Land mit einem Paukenschlag: im nächsten Augenblick wird Mose ein Mörder sein. Ein Mörder ist es, dem Gott sein Volk anvertraut!?

Gedanken zum Tag

Selbstbeherrschung ist eine große Disziplin. Nicht jeder hat sie. Praktisch allen von uns geht manchmal der Hut hoch, uns platzt der Kragen.

Schaffe ich es dann, niemanden zu verletzten in Gedanken, Worten und Werken? Und habe ich Mut zu Verzeihung und Neubeginn?

Lasset uns beten!

Getreuer Gott, im Vertrauen auf Dich beginnen wir die vierzig Tage der Umkehr und Buße. Gib uns die Kraft zu christlicher Zucht, damit wir dem Bösen absagen und mit Entschiedenheit das Gute tun. Darum bitten wir durch Ihn, Christus, unseren Herrn. Amen.

Vater unser.[B]

Herr, wie du willst.

Ehre sei dem Vater.

Gegrüßet seist du, Maria.

[B] Der vollständige Text der täglichen Gebete findet sich auf Seite 20f.

Donnerstag nach Aschermittwoch

Lesung aus dem Buch Exodus

2 *Mose flieht nach Midian* [15] *Als nun auch der Pharao von dem Vorfall erfuhr und Mose töten lassen wollte, floh Mose vor dem Pharao und nahm seinen Wohnsitz im Lande Midian. Er hatte sich nämlich (nach seiner Ankunft dort) am Brunnen niedergesetzt.* [16] *Nun hatte der Priester der Midianiter sieben Töchter; die kamen und wollten Wasser schöpfen und die Tränkrinnen füllen, um das Kleinvieh ihres Vaters zu tränken.* [17] *Aber die Hirten kamen dazu und wollten sie wegdrängen. Da erhob sich Mose, leistete ihnen Beistand und tränkte ihre Herde.*

[18] *Als sie nun zu ihrem Vater Reguel^C heimkamen, fragte er sie: »Warum kommt ihr heute so früh heim?«* [19] *Sie antworteten: »Ein ägyptischer Mann hat uns gegen die Hirten in Schutz genommen, ja, er hat sogar das Schöpfen für uns besorgt und die Herde getränkt.«* [20] *Da sagte er zu seinen Töchtern: »Und wo ist er? Warum habt ihr denn den Mann dort draußen gelassen? Ladet ihn doch zum Essen ein!«* [21] *Mose entschloß sich dann, bei dem Manne zu bleiben, und dieser gab ihm seine Tochter Zippora zur Frau.* [22] *Als sie ihm einen Sohn gebar, gab er ihm den Namen Gersom; »denn«, sagte er, »ein Gast bin ich in einem fremden Lande geworden«.*

Lithographie Nr. 2: Moses schöpft Wasser für Zippora (Ex 2,19)

Mose lässt das Schöpfgefäß an einem Seil in den Brunnen hinab, während Zippora am Brunnenrand den Krug festhält. Mit großen, weiten Augen schaut er auf diese junge Frau, die bescheiden und demütig die Augen niederschlägt.

---

^C Der Schwiegervater des Mose heißt nur an dieser Stelle Reguel, im weiteren Verlauf des Buches Exodus wird er Jethro genannt. Warum ist unklar.

Gedanken zum Tag

Mose ist Überzeugungstäter. Er liebt sein Volk und verteidigt es gegen den Feind. Aber: der Feind hat das Sagen. Mose muss fliehen. Und in der Flucht vor seinen eigenen Taten findet er überraschend doch Ruhe – und sein persönliches Glück. So kann es weitergehen. So kann es bleiben?

Hoffe oder rechne ich selbst damit, dass sich die Dinge ändern? Und wenn: zum Guten oder zum Schlechten?

Lasset uns beten!

Herr, unser Gott, komm unserem Beten und Arbeiten mit Deiner Gnade zuvor und begleite es, damit alles, was wir beginnen, bei Dir seinen Anfang nehme und durch Dich vollendet werde. Darum bitten wir durch Christus, unseren Herrn. Amen.

Herr, ich bin überzeugt, dass …

Vater unser. – Herr, wie du willst. – Ehre sei dem Vater. – Gegrüßet seist du.[D]

[D] Der vollständige Text der täglichen Gebete findet sich auf Seite 20f.

Freitag nach Aschermittwoch

Lesung aus dem Buch Exodus

2 *Gott erhört die Klage Israels* ²³ *Es begab sich dann während jener langen Zeit, daß der König von Ägypten starb. Die Israeliten aber seufzten unter dem Frondienst und schrien auf, und ihr Hilferuf wegen des Frondienstes stieg zu Gott empor.* ²⁴ *Als Gott nun ihr Wehklagen hörte, gedachte er seines Bundes mit Abraham, Isaak und Jakob;* ²⁵ *und Gott sah die Israeliten an, und Gott nahm Kenntnis davon.*

3 *Moses am brennenden Dornbusch* ¹ *Mose aber weidete das Kleinvieh seines Schwiegervaters Jethro, des Priesters der Midianiter. Als er nun einst die Herde über die Steppe hinaus getrieben hatte, kam er an den Berg Gottes, an den Horeb.* ² *Da erschien ihm der Engel des HERRN als eine Feuerflamme, die mitten aus einem Dornbusch hervorschlug; und als er hinblickte, sah er, daß der Dornbusch im Feuer brannte, ohne jedoch vom Feuer verzehrt zu werden.* ³ *Da dachte Mose:* »Ich will doch hingehen und mir diese wunderbare Erscheinung ansehen, warum der Dornbusch nicht verbrennt.«

Lithographie Nr. 3: Moses voll Furcht am heiligen Berg (Ex 3,2)

Mose stößt in der Begegnung am brennenden Dornbusch, von dem von oben her nur der zu Mose vordringende Rauch angedeutet wird, völlig unverhofft auf Gott. Aber das ist ihm nicht gleich klar. Mit großem Respekt nähert sich Mose diesem seltsamen Zeichen. Vorsichtig und in einer Haltung, die zeigt: auch den Fluchtweg hält er sich noch offen.

Gedanken zum Tag

So kann es nicht weitergehen. Der bisherige Weg führt zu Leid und Not. Bin ich am richtigen Platz in meinem Leben? Wo ist Gott denn, wenn man ihn braucht?

Was braucht es, damit es besser werden kann? Worüber bin ich zufrieden? Womit kann ich mich abfinden? Was will ich ändern? Und vor allem: was brauche ich dazu? Wer kann mir helfen? Wem will ich begegnen?

Lasset uns beten!

Herr, wenn ich dir jetzt begegnete, ich würde dir sagen: ...

Vater unser. – Herr, wie du willst. – Ehre sei dem Vater. – Gegrüßet seist du.[E]

[E] s.o. S. 20f.

Samstag nach Aschermittwoch

Lesung aus dem Buch Exodus

3 *Selbstoffenbarung Gottes* ⁴ *Als nun der HERR sah, daß er herankam, um nachzusehen, rief Gott ihm aus dem Dornbusch heraus die Worte zu: »Mose, Mose!« Er antwortete: »Hier bin ich!« ⁵ Da sagte er: »Tritt nicht näher heran! Ziehe dir die Schuhe aus von den Füßen; denn die Stätte, auf der du stehst, ist heiliger Boden.« ⁶ Dann fuhr er fort: »Ich bin der Gott deines Vaters, der Gott Abrahams, der Gott Isaaks und der Gott Jakobs.« Da verhüllte Mose sein Gesicht; denn er fürchtete sich, Gott anzuschauen. ⁷ Hierauf sagte der HERR: »Ich habe das Elend meines Volkes in Ägypten gesehen und ihr Geschrei über ihre Fronvögte gehört; ja, ich kenne ihre Leiden! ⁸ Daher bin ich herabgekommen, um sie aus der Gewalt der Ägypter zu erretten und sie aus jenem Lande in ein schönes, geräumiges Land zu führen, in ein Land, das von Milch und Honig überfließt, in die Wohnsitze der Kanaanäer, Hethiter, Amoriter, Pherissiter, Hewiter und Jebusiter. ⁹ Weil also jetzt das Wehgeschrei der Israeliten zu mir gedrungen ist und ich auch gesehen habe, wie schwer die Ägypter sie bedrücken, ¹⁰ so gehe jetzt hin! Denn ich will dich zum Pharao senden, damit du mein Volk, die Israeliten, aus Ägypten hinausführst.«*

¹¹ Da sagte Mose zu Gott: »Wer bin ich, daß ich zum Pharao gehen und die Israeliten aus Ägypten hinausführen sollte?« ¹² Er antwortete: »Ich selbst werde mit dir sein! Und dies soll dir das Wahrzeichen dafür sein, daß ich dich gesandt habe: Wenn du das Volk aus Ägypten wegführst, werdet ihr an diesem Berge Gott dienen.«

¹³ Da sagte Mose zu Gott: »Wenn ich nun aber zu den Israeliten komme und ihnen sage: ›Der Gott eurer Väter hat mich zu euch gesandt‹, und wenn sie mich dann fragen: ›Wie heißt er denn?‹, was soll ich ihnen dann antworten?« ¹⁴ Da sagte Gott zu Mose: »Ich bin, der ich bin.« Dann fuhr er fort: »So sollst du zu den Israeliten sagen: Der ›Ich bin‹ hat mich zu euch gesandt!«[F] [15] Und weiter sagte Gott zu Mose: »So sollst du zu den Israeliten sagen: ›Der HERR, der Gott eurer Väter, der Gott Abrahams, der Gott Isaaks und der Gott Jakobs, hat mich zu euch gesandt.‹ Das ist mein Name in Ewigkeit und meine Benennung von Geschlecht zu Geschlecht.«

[16] »Gehe hin und versammle die Ältesten der Israeliten und sage zu ihnen: ›Der HERR, der Gott eurer Väter, ist mir erschienen, der Gott Abrahams, Isaaks und Jakobs, und hat gesagt: Ich habe auf euch und auf das, was euch in Ägypten widerfahren ist, genau achtgegeben [17] und habe beschlossen, euch aus dem Elend Ägyptens in das Land der Kanaanäer, Hethiter, Amoriter, Pherissiter, Hewiter und Jebusiter wegzuführen, in ein Land, das von Milch und Honig überfließt.‹ [18] Wenn sie dann auf dich hören, sollst du mit den Ältesten der Israeliten zum König von Ägypten hingehen, und ihr sollt zu ihm sagen: ›Der HERR, der Gott der Hebräer, ist uns erschienen; und nun möchten wir drei Tagereisen weit in die Wüste ziehen, um dort dem HERRN, unserm Gott, zu opfern.‹ [19] Ich weiß aber, daß der König von Ägypten euch nicht wird ziehen lassen, wenn er nicht durch eine starke Hand dazu gezwungen wird. [20] Darum werde ich dann meine Hand ausstrecken und das

---

[F] Der Gottesname (im Hebräischen wiedergegeben durch das Tetragramm JHWH) ist schwer zu deuten. Gott selbst erläutert ihn in diesem Text durch einen Satz, der sich selbst zu erklären scheint (Ich bin derjenige, der ich eben bin.) und doch geheimnisvoll bleibt. Man könnte ihn auch anders übersetzen, etwa: Ich bin der „Ich-bin-da“ im Sinne von immer präsent oder auch: Ich bin der „Ich-bin“ ganz grundsätzlich und schon immer – im Gegensatz zu allem, was nicht ist – oder auch, wenn man berücksichtigt, dass das hier verwendete Verb auch eine Zukunftsform bezeichnen kann: Ich werde der sein, der ich sein werde. Die Selbstbezeichnung Gottes zeigt jedenfalls: Gott ist für uns unverfügbar, auch wenn er uns seinen heiligen Namen offenbart, er ist von uns nicht beschreibbar, er entzieht sich unserer Sprache wie auch unserer Wahrnehmung. Gott ist der uns gegenüber ganz andere. Und doch spricht er uns ganz persönlich an und zeigt uns, dass sein Selbstausdruck Vergangenheit, Gegenwart und Zukunft umfasst: Er war und ist immer da. Immer, wenn in der Übersetzung von Hermann Menge Gott als „HERR“ (in Großbuchstaben) bezeichnet wird, weist Menge damit darauf hin, dass hier an der zugrundeliegenden hebräischen Textstelle das Tetragramm JHWH steht.

Ägyptervolk mit all meinen Wundertaten schlagen, die ich in seiner Mitte verrichten werde; daraufhin wird er euch ziehen lassen. [21] Auch will ich dieses Volk bei den Ägyptern Gunst finden lassen, so daß ihr bei eurem Auszug nicht mit leeren Händen ausziehen sollt, [22] nein, jede Frau soll sich von ihrer Nachbarin und ihrer Hausgenossin silberne und goldene Schmucksachen und Kleider geben lassen; die sollt ihr dann euren Söhnen und Töchtern anlegen und so die Ägypter ausplündern.«

Lithographie Nr. 4: Mose zieht die Schuhe aus (Ex 3,5)

Mose kann die Augen nicht vom Dornbusch lassen. Der aber ist außerhalb des Bildes von dem Mann, der sich eilends die Sandalen von den Füßen reißt, als ihm klar wird, wer ihn da anspricht. Wie das Wunder aussieht, überlässt Geyer unserer Phantasie.

Gedanken zum Tag

Sag mir, wer du bist! Wenn wir uns unsicher sind mit unserem Gegenüber, dann liegt uns diese Aufforderung auf der Zunge. Aber sie braucht durchaus Mut.

Mose hat diesen Mut. Er steht vor dem gänzlich Unfassbaren und fordert ihn auf, ihm zu sagen, wer er ist. Und Gott gibt Antwort. Keine andere Religion kennt Gott als denjenigen, der über sich selber aussagt, dass und wer er überhaupt ist, nämlich einer, ohne den es nichts geben würde, aber der eben da ist für diejenigen, die seinetwegen da sein können.

„Im Anfang war das Wort," heißt es im Evangelium nach Johannes (Joh 1,1). Am Beginn der Begegnung des Mose mit Gott steht die Selbstoffenbarung Gottes als Selbstaussage: er ist einfach und davon spricht er: das Wort, sein Wort ist einfach da – und ohne das Wort wäre nichts, was geworden ist (Joh 1,3).

Lasset uns beten!

Herr, Du bist bei mir. Das will ich gerne glauben. Ohne dich wäre nichts...

Ich denke mir ...

Und ich danke dir ...

Vater unser. – Herr, wie du willst. – Ehre sei dem Vater. – Gegrüßet seist du.

1. Fastensonntag – Invocabit

Lesung aus dem Buch der Psalmen

Invocabit me, et ego exaudiam eum: eripiam eum, et glorificabo eum; longitudine dierum adimplebo eum. – Qui habitat in adiutorio Altissimi, in protectione Dei caeli commorabitur.

91

[15] Wenn er mich anruft, dann will ich ihn erhören. Ich bin bei ihm in der Not, befreie ihn und bringe ihn zu Ehren. [16] Ich sättige ihn mit langem Leben und lasse ihn mein Heil schauen. – [1] Wer im Schutz des Höchsten wohnt, der ruht im Schatten des Allmächtigen.

Gedanken zum Tag

Ein erster Pausentag auf der Reise: die Sonntage zählen nicht zur Fastenzeit. Wir begegnen wieder Wilhelm Geyer, aber nicht seiner gemalten Kunst, sondern mit seinen leuchtend bunten Kirchenfenstern. Auch sie zeigen Wege, allerdings solche aus anderen Büchern der Bibel: Jesu und Marias Leben sowie die Schöpfungsgeschichte.

Und uns begleitet das Psalmwort, das diesem Sonntag den traditionellen lateinischen Namen gab. Im Psalm zeigt Gott, dass es ihm um uns Menschen geht: seine Bereitschaft, für uns da zu sein, in Not zu helfen, uns aufzurichten, ja zu Ehren zu verhelfen. Das ist es, was Gott umtreibt. Deshalb zeigt er auch diesen großen Eifer für das doch sonst recht schwachgläubige Volk Israel. Dieses ist auserwählt, dass in ihm die Gotteserkenntnis heranwächst und reift, bis aus seiner Mitte der Messias hervorgeht, der Gottes letzte Offenbarung ist: Gott selbst will unter uns wohnen. Er will so werden wie wir.

Es geht also auf unserem Weg durch dieses Leben darum, immer tiefer hineinzufinden in dieses Verstehen Gottes, der uns kennt und trotzdem liebt. Und ins Verständnis, dass dieser eine und einzige Gott aus Liebe alles für uns gibt, sogar das Leben seines eingeborenen Sohnes. Damit wir leben und unter seinem Schutz Ruhe finden können nach aller Not und allem Zweifel.

Lasset uns beten!

Herr, ich ...

Allmächtiger Gott, du schenkst uns die heiligen vierzig Tage als eine Zeit der Umkehr und der Buße. Gib uns durch ihre Feier die Gnade, dass wir in der Erkenntnis Jesu Christi voranschreiten und die Kraft seiner Erlösungstat durch ein Leben aus dem Glauben sichtbar machen. Darum bitten wir durch ihn, der in der Einheit des Heiligen Geistes mit dir lebt und herrscht in alle Ewigkeit. Amen.

Vater unser. – Herr, wie du willst. – Ehre sei dem Vater. – Gegrüßet seist du.

Glasfenster in St. Johann Baptist auf dem Bussen in Uttenweiler-Offingen:
Die Leiden Mariens

Maria begleitet Jesus auf seinem gesamten Lebensweg von der Empfängnis bis zur Grablegung. Die Flucht nach Ägypten, die dunkle Weissagung des Simeon, die Sorge um den im Tempel verlorenen Sohn, die Begegnung mit ihm auf dem Kreuzweg, das Ausharren unter dem Kreuz, die Beweinung nach der Kreuzabnahme und die Grablegung: Marias Leiden zeigen sie uns als stille, tapfere Mutter, die erträgt, was der Sohn erlebt und selbst erleidet. Ihr Mitleid ist so substanziell, dass es sie selbst zur Passionsfigur macht.

Montag der 1. Fastenwoche

Lesung aus dem Buch Exodus

4 *Der Stab des Mose* [1] *Mose aber entgegnete: »Ach, sie werden mir nicht glauben und auf meine Aussagen nicht hören, sondern behaupten: ›Der HERR ist dir nicht erschienen!‹«* [2] *Da erwiderte ihm der HERR: »Was hast du da in deiner Hand?« Er antwortete: »Einen Stab.«* [3] *Da sagte er: »Wirf ihn auf die Erde!« Als er ihn nun auf die Erde geworfen hatte, wurde er zu einer Schlange, vor welcher Mose die Flucht ergriff.* [4] *Da sagte der HERR zu Mose: »Strecke deine Hand aus und ergreif sie beim Schwanz!« Er streckte seine Hand aus und faßte sie: da wurde sie wieder zum Stab in seiner Hand –* [5] *»damit sie glauben, daß dir der HERR erschienen ist, der Gott ihrer Väter, der Gott Abrahams, der Gott Isaaks und der Gott Jakobs.«.*

Lithographie Nr. 5: Mose wirft den Stab zur Erde und erschrickt (Ex 4,3)

Gerade erst zu Boden geschleudert und losgelassen, verwandelt sich der Stab. Er wird zur Schlange, dem Urtier menschlicher Ängste. Mose schreckt abwehrbereit zurück.

Gedanken zum Tag

Angst ist ein schlechter Ratgeber. Mose hat Angst: vor Zurückweisung, davor, für verrückt gehalten zu werden, vor dem Kontakt mit Andersdenkenden. Und Gott gibt ihm ein Zeichen, das zum Fürchten ist. Eine plötzlich auftauchende Schlange zwingt Mose zur Flucht. Doch seine Angst soll Mose nun aktiv überwinden, indem er sich ihr stellt und sie sogar anfasst.

Mose traut Gott zu, dass seine Angst mit Gottes Hilfe besiegt werden kann. Er bleibt nicht auf der Flucht oder starr im Angstzustand, sondern ergreift die Gelegenheit, weil er sie als eine von Gott geschenkte begreifen kann.

Lasset uns beten!

Herr, ich habe Angst …

Mit dir aber …

Vater unser. – Herr, wie du willst. – Ehre sei dem Vater. – Gegrüßet seist du.

Dienstag der 1. Fastenwoche

Lesung aus dem Buch Exodus

4 *Ein weiteres Zeichen* [6] *Weiter sagte der HERR zu ihm: »Stecke deine Hand in deinen Busen[G]!« Er steckte seine Hand in den Busen, und als er sie wieder herauszog, war seine Hand vom Aussatz weiß wie Schnee. [7] Dann sagte er: »Stecke deine Hand noch einmal in deinen Busen!« Als er es getan hatte und die Hand dann wieder aus seinem Busen hervorzog, da war sie wieder wie sein übriges Fleisch geworden. [8] »Wenn sie dir also nicht glauben und sich von dem ersten Zeichen nicht überzeugen lassen, so werden sie doch auf das zweite Zeichen hin glauben. [9] Sollten sie aber selbst auf diese beiden Zeichen hin nicht glauben und auf deine Aussagen nicht hören, so nimm etwas Wasser aus dem Nil und schütte es auf den trockenen Boden, dann wird das Wasser, das du aus dem Strom genommen hast, auf dem trocknen Boden zu Blut werden.«*

Neue Einwendungen Moses; Bestellung Aarons zum Sprecher [10] *Mose aber sagte zum HERRN: »Bitte, HERR! Ich bin kein Mann, der zu reden versteht; ich bin es früher nicht gewesen und bin es auch jetzt nicht, seitdem du zu deinem Knecht redest, sondern ich bin mit Mund und Zunge unbeholfen.« [11] Da antwortete ihm der HERR: »Wer hat dem Menschen den Mund geschaffen, oder wer macht ihn stumm oder taub, sehend oder blind? Bin ich es nicht, der HERR? [12] So gehe also hin! Ich will schon mit deinem Munde sein und dich lehren, was du reden sollst.«*

[13] *Doch er antwortete: »Bitte, HERR! Sende lieber einen andern, wen du willst!« [14] Da entbrannte der Zorn des HERRN gegen Mose, und er sagte: »Ist nicht dein Bruder Aaron da, der Levit? Ich weiß, daß der trefflich zu reden versteht; auch ist er schon im Begriff, dir entgegenzugehen, und wenn er dich sieht, wird er sich herzlich freuen. [15] Dann sollst du dich mit ihm besprechen und ihm die Worte in den Mund legen; ich aber will mit deinem und mit*

[G] gemeint ist der Gewandbausch des Obergewandes.

seinem Munde sein und euch angeben, was ihr zu tun habt. [16] *Er soll also für dich zum Volk reden, und zwar so, daß er für dich der Mund ist und du für ihn an Gottes Statt bist.* [17] *Und den Stab da nimm in die Hand, um mit ihm die Wunderzeichen zu tun!«*

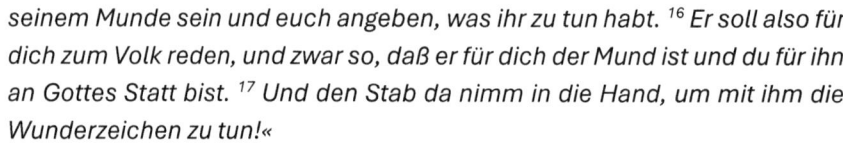

Lithographie Nr. 6: Mose weigert sich, den Auftrag zu übernehmen (Ex 4,10)

Mose windet sich. Mit dem Finger zeigt er auf den Mund, mit dem er ja nicht so flink ist wie andere. Im Hintergrund ist schon wieder das Vieh sichtbar, das er wieder hüten will, weil ihm der Auftrag Gottes zu groß erscheint.

Gedanken zum Tag

Bescheidenheit ist eine Zier, reimt der Spötter. Die Bescheidenheit, die Mose Gott gegenüber ins Feld führt, ist nur auf den ersten Blick eine Zierde. Warum traut Mose dem Herrn nicht zu, dass der schon weiß, wer dieser Mose ist, was er kann und was nicht? Warum zweifelt er, dass Gott immer denjenigen beruft, der das auch kann?

Jeder, der von Gott gerufen ist, kommt unweigerlich eher früher als später an seine Grenzen. Aber das darf nie dazu führen, den Ruf Gottes, der ein Auftrag ist, für ihn in der Welt zu wirken, zurückzuweisen.

Gott weiß, was zu tun ist. Bei allem Ärger über den vermeintlich bescheidenen Knecht gibt er ihm das, was allen Berufenen in der Nachfolge Christi auch gut tut: einen Weggefährten.

Mit wem kann ich besprechen, was meine Grenzen sind? Wer darf sehen, was ich sonst niemandem zeige? Wem kann ich erzählen, was ich mir selbst verschweige? Wer ist für mich eine Stütze, meiner Berufung nachzugehen? Wen habe ich auf meinem Weg gerne an meiner Seite?

Lasset uns beten!

Herr, ich vertraue auf dein Wort an mich, aber ...

Bitte ...

Vater unser. – Herr, wie du willst. – Ehre sei dem Vater. – Gegrüßet seist du.

Mittwoch der 1. Fastenwoche

Lesung aus dem Buch Exodus

4 *Moses Rückkehr nach Ägypten* [18] Hierauf kehrte Mose zu seinem Schwiegervater Jethro zurück und sagte zu ihm: »Ich möchte doch einmal zu meinen Angehörigen nach Ägypten zurückkehren, um zu sehen, ob sie noch am Leben sind.« Jethro antwortete ihm: »Ziehe hin in Frieden!« [19] Da sagte der HERR zu Mose im Midianiterlande: »Kehre nunmehr nach Ägypten zurück; denn alle die Leute, die dir nach dem Leben getrachtet haben, sind tot.« [20] So nahm denn Mose seine Frau und seine Söhne, setzte sie auf Esel und trat die Rückkehr nach Ägypten an; den Gottesstab aber nahm er in die Hand. [21] Da sagte der HERR zu Mose: »Wenn du jetzt nach Ägypten zurückkommst, so sieh wohl zu, daß du alle die Wunderzeichen, deren Vollführung ich dir aufgetragen habe, vor dem Pharao verrichtest! Ich aber werde sein Herz verhärten, daß er das Volk nicht ziehen läßt. [22] Dann sollst du zum Pharao sagen: ›So hat der HERR gesprochen: Israel ist mein erstgeborener Sohn; [23] daher fordere ich dich auf: Laß meinen Sohn ziehen, damit er mir diene! Weigerst du dich aber, ihn ziehen zu lassen, so werde ich deinen erstgeborenen Sohn sterben lassen!‹«

Mose und Aaron finden in Ägypten Glauben bei den Israeliten [27] Der HERR aber hatte dem Aaron geboten: »Gehe Mose entgegen nach der Wüste zu!« Da machte er sich auf und traf ihn am Berge Gottes und küßte ihn. [28] Mose teilte nun dem Aaron alles mit, was der HERR ihm bei der Sendung aufgetragen, und alle Wunderzeichen, die er ihm geboten hatte. [29] Darauf gingen Mose und Aaron hin und versammelten alle Ältesten der Israeliten; [30] und Aaron teilte ihnen alles mit, was der HERR dem Mose aufgetragen hatte, und dieser verrichtete die Wunderzeichen vor den Augen des Volkes. [31] Da schenkte ihm das Volk Glauben, und als sie hörten, daß der HERR sich der Israeliten gnädig angenommen und ihr Elend angesehen habe, verneigten sie sich und warfen sich zur Erde nieder.

Lithographie Nr. 7: Mose trifft Aaron (Ex 4,27)

Mose und Aaron umarmen sich brüderlich vertraut. Gemeinsam bilden sie eine machtvolle Einheit. Und doch blickt jeder konzentriert in eine eigene Richtung, hat seine eigene Aufgabe, die es zu übernehmen gilt.

Gedanken zum Tag

Kleine Erfolge lassen uns durchhalten. Wer einen Fastenvorsatz hat und nach redlichem Bemühen oder so manchem Rückschlag endlich einen Fortschritt erkennt, der sieht sich bestätigt und fass neues Zutrauen in die eigene Schaffenskraft.

Mose wird es nicht anders gegangen sein. Wie erleichtert wird er gewesen sein, als ihm Aaron vertraut und das Volk ihnen beiden Glauben schenkt. Anzeichen dafür gab es ja schon. Gott wurde nicht müde, Zeichen zu setzen, aber erst das Erlebnis, dass Israel ihn als Boten Gottes wahrnimmt und annimmt, lässt ihn endlich seine Mission beginnen, den Namen Gottes bekannt zu machen und zu zeigen, dass dieser sich ein Volk erwählt hat, das er erretten will.

Was fehlt mir denn, damit ich in meiner Mission, die ich derzeit für mich habe, durchhalte oder weiterkomme?

Lasset uns beten!

Herr, tu ein Zeichen und schenke mir Glück, denn ...

Vater unser. – Herr, wie du willst. – Ehre sei dem Vater. – Gegrüßet seist du.

Donnerstag der 1. Fastenwoche

Lesung aus dem Buch Exodus

5 *Abweisung durch den Pharao* ¹ *Hierauf gingen Mose und Aaron hin und sagten zum Pharao:* »So hat der HERR, der Gott Israels, gesprochen: ›Laß mein Volk ziehen, damit sie mir ein Fest in der Wüste feiern!‹« ² *Der Pharao aber antwortete:* »Wer ist der HERR, daß ich seinen Befehlen gehorchen und Israel ziehen lassen müßte? Ich kenne (diesen) HERRN nicht und will auch Israel nicht ziehen lassen.« ³ *Da entgegneten sie:* »Der Gott der Hebräer ist uns erschienen; wir möchten nun drei Tagereisen weit in die Wüste ziehen und dem HERRN, unserm Gott, dort Schlachtopfer darbringen, damit er uns nicht mit der Pest oder mit dem Schwert heimsucht!« ⁴ *Aber der König von Ägypten erwiderte ihnen:* »Warum wollt ihr, Mose und Aaron, das Volk von seiner Arbeit abziehen? Geht an eure Frondienste!« ⁵ *Dann fuhr der Pharao fort:* »Es gibt schon genug Gesindel im Land; und da wollt ihr sie noch von ihren Frondiensten feiern lassen?!«

⁶ *An demselben Tage erteilte dann der Pharao den Fronvögten und Aufsehern des Volkes den Befehl:* ⁷ »Ihr sollt dem Volk nicht mehr wie bisher Stroh zur Anfertigung der Ziegel liefern! Sie sollen selbst hingehen und sich Stroh zusammensuchen! ⁸ Dabei sollt ihr ihnen aber dieselbe Zahl von Ziegeln, die sie bisher gefertigt haben, auferlegen, ohne etwas davon zu erlassen! Denn sie sind träge; darum schreien sie immerfort: ›Wir wollen hinziehen und unserm Gott Opfer darbringen!‹ ⁹ Die Arbeit soll den Leuten erschwert werden, damit sie daran zu schaffen haben und nicht auf Lügenreden achten!«

¹⁰ *Da gingen die Fronvögte und Aufseher des Volkes hinaus und sagten zum Volk:* »So hat der Pharao befohlen: ›Ich lasse euch hinfort kein Stroh mehr liefern: ¹¹ geht selbst hin und holt euch Stroh, wo ihr es findet! Doch von eurer Arbeit wird euch nichts erlassen.‹« ¹² *Da zerstreute sich das Volk im ganzen Lande Ägypten, um Stoppeln zu sammeln zu Häckerling;* ¹³ *die Fronvögte aber drängten sie mit der Forderung:* »Ihr müßt Tag für Tag die volle Arbeit

leisten wie früher, als es noch Stroh gab.« [14] *Und die israelitischen Aufseher, welche die Fronvögte des Pharaos über sie gesetzt hatten, erhielten Stockschläge, und man sagte zu ihnen: »Warum habt ihr weder gestern noch heute euren bestimmten Satz Ziegel fertiggestellt wie früher?«*

Lithographie Nr. 8: Mose und Aaron beim Pharao (Ex 5,1)

Mose und Aaron rücken dem thronenden Pharao sehr nahe. Während Aaron auf den Herrscher einredet, mit Nachdruck und besorgtem Gesicht, steht Mose dem Pharao gegenüber und schaut betroffen, ja besorgt.

Gedanken zum Tag

Das geht ja gut los. Gleich zu Beginn geht alles schief. Und prompt ein Tiefschlag! Denn nicht gegen Mose richtet sich der Zorn des Pharao, sondern er nimmt das ganze Volk Israel in Haftung dafür, dass Mose und Aaron ihn im Namen Gottes zur Freilassung aufrufen. Wie müssen sie erschrocken sein, als sie merken: wir haben unserem ganzen Volk geschadet.

So geht es manchmal, wenn die eigenen Ideale und Ziele groß und ehrenhaft wirken, aber entscheidende Personen mit ihrer Macht und ihren eigenen Interessen im Wege stehen.

An der eigenen Überzeugungskraft zweifeln dann viele, manche werfen schon beim ersten Widerstand die Flinte ins Korn. Aber war denn die Mission eine falsche? War es nicht Gottes Auftrag, der hierhergeführt hat?

Und noch etwas: auch beim besten Willen haben manche unserer persönlichen Entscheidungen für andere Konsequenzen, die wir weder kalkulieren noch absehen konnten. Das gilt im Schlechten ohnehin, aber offenkundig auch im Guten.

Lasset uns beten!

Herr, ich will Verantwortung für mein Tun übernehmen, auch anderen gegenüber, hilf mir, denn ...

Vater unser. – Herr, wie du willst. – Ehre sei dem Vater. – Gegrüßet seist du.

Freitag der 1. Fastenwoche

Lesung aus dem Buch Exodus

5 *Verschlimmerung der Lage* [15] *Da gingen die israelitischen Aufseher hin und wehklagten beim Pharao mit den Worten: »Warum behandelst du deine Knechte so?* [16] *Stroh wird deinen Knechten nicht mehr geliefert, und doch heißt es: ›Schafft Ziegel!‹ Und nun werden deine Knechte sogar geschlagen, und die Schuld wird auf dein Volk geschoben!«* [17] *Er aber antwortete: »Träge seid ihr, träge! Darum sagt ihr: ›Wir möchten hinziehen, um dem HERRN zu opfern.‹* [18] *Und nun marsch an die Arbeit! Stroh wird euch nicht geliefert, aber die festgesetzte Zahl von Ziegeln habt ihr zu liefern!«* [19] *So sahen sich denn die israelitischen Aufseher in eine üble Lage versetzt, nämlich (ihren Volksgenossen) sagen zu müssen: »Von den Ziegeln, die ihr Tag für Tag zu liefern habt, dürft ihr keinen Abzug machen!«*

[20] *Als sie nun aus dem Palast des Pharaos herauskamen, stießen sie auf Mose und Aaron, die auf sie warteten.* [21] *Da sagten sie zu ihnen: »Der HERR möge es euch gedenken und euch dafür richten, daß ihr uns beim Pharao und seinen Beamten ganz verhaßt gemacht und ihnen das Schwert in die Hand gegeben habt, uns umzubringen!«*

[22] *Da wandte sich Mose wieder an den HERRN und sagte: »Herr! Warum läßt du diesem Volk solches Unheil widerfahren? Warum hast du mich hergesandt?* [23] *Denn seitdem ich zum Pharao gegangen bin, um in deinem Namen zu reden, hat er dies Volk erst recht mißhandelt, und du hast zur Rettung deines Volkes nichts getan!«*

Lithographie Nr. 9: Mose ist enttäuscht (Ex 5,22)

Der Gesichtsausdruck des Mose ist zerknirscht, sein Gesicht zerfurcht. Eine Sorgenfalte prägt seine Stirn. Er denkt nach, wie diese Mission Gottes wohl für ihn ausgeht.

Gedanken zum Tag

Worauf hatte ich mich gefreut – und wo war ich dann tief enttäuscht? Wie kann ich damit umgehen? Hilft mir der Blick darauf, dass Ent-Täuschung mir vielleicht auch hilft, wieder die Wahrheit deutlicher zu sehen?

Lasset uns beten!

Herr, manchmal steht für mich alles in Frage, dann wünschte ich mir von dir einfach ...

Vater unser. – Herr, wie du willst. – Ehre sei dem Vater. – Gegrüßet seist du.

Samstag der 1. Fastenwoche

Lesung aus dem Buch Exodus

6 *Ankündigung der Hilfe Gottes* [1] *Da sagte der HERR zu Mose: »Jetzt sollst du sehen, was ich mit dem Pharao machen werde: Durch eine starke Hand gezwungen, wird er sie ziehen lassen, ja durch eine starke Hand gezwungen, wird er sie aus seinem Lande wegtreiben!«* [2] *Da redete Gott mit Mose und sagte zu ihm: »Ich bin der HERR.* [3] *Ich bin dem Abraham, Isaak und Jakob als ›der allmächtige Gott‹ erschienen, aber mit meinem Namen ›Gott der HERR‹ habe ich mich ihnen nicht geoffenbart.* [4] *Auch habe ich meinen Bund mit ihnen geschlossen, ihnen das Land Kanaan zu geben, das Land ihrer Fremdlingschaft, in dem sie als Gäste sich aufgehalten haben.* [5] *Ich habe auch die Klagen der Israeliten gehört, die von den Ägyptern geknechtet werden, und habe meines Bundes gedacht.*

[6] *Darum sage zu den Israeliten: ›Ich bin der HERR und will euch von dem Druck der Fronarbeiten der Ägypter frei machen und euch aus ihrem Zwangsdienst erretten und euch erlösen mit hoch erhobenem Arm und mit gewaltigen Strafgerichten.* [7] *Und ich will euch zu meinem Volk annehmen und will euer Gott sein, und ihr sollt erkennen, daß ich der HERR, euer Gott, bin, der euch vom Druck des Frondienstes der Ägypter frei macht.* [8] *Ich will euch auch in das Land bringen, dessen Verleihung ich dem Abraham, Isaak und Jakob durch einen feierlichen Eid zugesagt habe, und will es euch zum erblichen Besitz geben, ich, der HERR!‹«*

[9] *Mose berichtete dies den Israeliten; aber sie hörten nicht auf ihn aus Kleinmut und wegen des harten Frondienstes.* [10] *Da sagte Gott zu Mose:* [11] *»Gehe hin, fordere den Pharao, den König von Ägypten, auf, die Israeliten aus seinem Lande ziehen zu lassen!«* [12] *Aber Mose sprach sich vor dem HERRN offen so aus: »Nicht einmal die Israeliten haben auf mich gehört: wie sollte da der Pharao mich anhören, zumal da ich im Reden ungewandt bin!«* [13] *Da redete der HERR mit Mose und Aaron und ordnete sie ab an die*

Israeliten und an den Pharao, den König von Ägypten, um die Israeliten aus Ägypten wegzuführen.

[14] Dies sind ihre Familienhäupter: Die Söhne Rubens, des erstgeborenen Sohnes Israels, waren: Hanoch und Pallu, Hezron und Karmi; dies sind die Geschlechter Rubens. [15] Und die Söhne Simeons waren: Jemuel, Jamin, Ohad, Jachin, Zohar und Saul, der Sohn der Kanaanäerin; dies sind die Geschlechter Simeons. [16] Und dies sind die Namen der Söhne Levis nach ihren Geschlechtern: Gerson, Kehath und Merari; Levi aber wurde 137 Jahre alt. [17] Die Söhne Gersons waren: Libni und Simei nach ihren Familien. [18] Die Söhne Kehaths waren: Amram, Jizhar, Hebron und Ussiel; Kehath aber wurde 133 Jahre alt. [19] Und die Söhne Meraris waren: Mahli und Musi; das sind die Familien Levis nach ihren Geschlechtern. [20] Amram aber heiratete seine Muhme[H] Jochebed; die gebar ihm Aaron und Mose; Amram wurde dann 137 Jahre alt. [21] Die Söhne Jizhars aber waren: Korah, Nepheg und Sichri; [22] und die Söhne Ussiels waren: Misael, Elzaphan und Sithri. [23] Aaron aber heiratete Eliseba, die Tochter Amminadabs, die Schwester Nahsons; die gebar ihm Nadab und Abihu, Eleasar und Ithamar. [24] Und die Söhne Korahs waren: Assir, Elkana und Abiasaph; dies sind die Familien der Korahiten. [25] Eleasar aber, der Sohn Aarons, heiratete eine von den Töchtern Putiels; die gebar ihm den Pinehas. Dies sind die Stammhäupter der Leviten nach ihren Geschlechtern. –

[26] Dieser Aaron und dieser Mose sind es, denen der HERR geboten hatte: »Führt die Israeliten aus dem Lande Ägypten hinaus nach ihren Heerscharen!«[27] Diese sind es, die mit dem Pharao, dem König von Ägypten, verhandelten, um die Israeliten aus Ägypten wegzuführen: dieser Mose und dieser Aaron. [28] Damals nun, als der HERR mit Mose im Lande Ägypten redete, [29] sagte der HERR zu Mose folgendes: »Ich bin der HERR! Vermelde dem Pharao, dem König von Ägypten, alles, was ich dir sagen werde.« [30] Mose aber antwortete vor dem HERRN: »Ach, ich bin im Reden ungewandt: wie sollte da der Pharao auf mich hören!«

[H] alter dt. Begriff für Tante.

7 *Ankündigung der Plagen Gottes gegenüber dem Pharao* ¹ *Da erwiderte der HERR dem Mose:* »Siehe, ich mache dich für den Pharao zu einem Gott, und dein Bruder Aaron soll dein Prophet sein. ² Du sollst ihm alles sagen, was ich dir auftragen werde, doch dein Bruder Aaron soll mit dem Pharao verhandeln, daß er die Israeliten aus seinem Lande ziehen lasse. ³ Ich aber will das Herz des Pharaos verhärten, um viele Zeichen und Wunder im Lande Ägypten zu verrichten. ⁴ Wenn der Pharao nun auf euch nicht hört, so will ich meine Hand an die Ägypter legen und meine Heerscharen, mein Volk, die Israeliten, aus Ägypten unter gewaltigen Strafgerichten wegführen. ⁵ Dann werden die Ägypter zur Erkenntnis kommen, daß ich der HERR bin, wenn ich meine Hand gegen die Ägypter ausgestreckt und die Israeliten aus ihrer Mitte weggeführt habe.« ⁶ Da taten Mose und Aaron so, wie der HERR ihnen geboten hatte, genau so taten sie. ⁷ Mose war aber achtzig und Aaron dreiundachtzig Jahre alt, als sie mit dem Pharao verhandelten.

Das erste Zeichen: Der Aaronsstab ⁸ *Hierauf sagte der HERR zu Mose und zu Aaron:* ⁹ »Wenn der Pharao euch auffordert, ein Wunder zu eurer Beglaubigung zu verrichten, so sollst du zu Aaron sagen: ›Nimm deinen Stab und wirf ihn vor den Pharao hin!‹, dann wird er zu einer großen Schlange werden.« ¹⁰ Da gingen Mose und Aaron zum Pharao und taten so, wie der HERR ihnen geboten hatte: Aaron warf seinen Stab vor den Pharao und dessen Hofleute hin, und er verwandelte sich in eine große Schlange. ¹¹ Aber der Pharao ließ auch seinerseits die Weisen und Zauberer kommen, und auch sie, die ägyptischen Zauberkünstler, taten dasselbe vermittels ihrer Geheimkünste: ¹² jeder warf seinen Stab hin, da verwandelten diese sich in Schlangen; jedoch Aarons Stab verschlang ihre Stäbe. ¹³ Aber das Herz des Pharaos blieb hart, so daß er nicht auf sie hörte, wie der HERR es vorausgesagt hatte.

Das zweite Zeichen: Das Blut im Nil ¹⁴ *Hierauf sagte der HERR zu Mose:* »Das Herz des Pharaos ist verstockt: er weigert sich, das Volk ziehen zu lassen. ¹⁵ Begib dich morgen früh zum Pharao – da geht er nämlich an den Fluß – und tritt ihm am Ufer des Nils entgegen; den Stab, der sich in eine Schlange verwandelt hat, nimm in deine Hand ¹⁶ und sage zu ihm: ›Der HERR, der Gott der Hebräer, hat mich zu dir gesandt mit der Weisung: Laß mein Volk ziehen, damit es mir in der Wüste diene! Doch du hast bisher nicht gehorchen wollen. [17] Daher spricht der HERR so: Daran sollst du erkennen, daß ich der HERR bin: ich werde jetzt mit dem Stabe, den ich hier in der Hand habe, auf das Wasser im Nil schlagen, dann wird es sich in Blut verwandeln, [18] die Fische im Strom werden sämtlich sterben, und der Strom wird stinkend werden, so daß die Ägypter vor Ekel kein Wasser mehr aus dem Strom trinken werden.‹« [19] Weiter sagte der HERR zu Mose: »Befiehl dem Aaron: ›Nimm deinen Stab und strecke deine Hand aus über die Gewässer in Ägypten, über seine Stromarme, seine Kanäle und Teiche und über alle seine Wasserbehälter, damit sie zu Blut werden! Und Blut soll überall in Ägypten sein, selbst in den hölzernen und steinernen Gefäßen!‹«

[20] Mose und Aaron taten so, wie der HERR ihnen geboten hatte: Aaron hob den Stab hoch und schlug mit ihm auf das Wasser im Nil vor den Augen des Pharaos und seiner Diener: da verwandelte sich alles Wasser im Strom in Blut; [21] die Fische im Strom starben sämtlich, und der Strom wurde stinkend, so daß die Ägypter das Wasser aus dem Strom nicht mehr trinken konnten; und das Blut war überall im Land Ägypten. [22] Aber die ägyptischen Zauberer taten dasselbe vermittels ihrer Geheimkünste; daher blieb das Herz des Pharaos hart, und er hörte nicht auf sie, wie der HERR es vorausgesagt hatte: [23] der Pharao wandte sich ab und ging nach Hause und nahm sich auch dieses nicht zu Herzen. [24] Alle Ägypter aber gruben rings um den Nil nach Trinkwasser; denn von dem Nilwasser konnten sie nicht trinken. [25] So vergingen volle sieben Tage, nachdem der HERR den Strom geschlagen hatte.

Lithographie Nr. 10: Aaron schlägt das Wasser des Nil (Ex 7,20)

Voller Elan schlägt Aaron auf das Wasser des Nil, Mose beobachtet ihn und die Reaktion des Pharao. Dieser schaut das Ganze an. Ist er gespannt oder gar belustigt?

Gedanken zum Tag

Manche unserer Entscheidungen und Unternehmungen brauchen einen langen Anlauf. Warum fehlt mir Vertrauen, dass ich in meiner Entscheidung wie in der Umsetzung meiner Pläne nie allein bin? Wie ist Gott denn für mich der ICH-BIN-DA?

Lasset uns beten!

Herr, oft bin ich mir und meinen Idealen untreu, manchmal auch dir ..., dann ...

Vater unser. – Herr, wie du willst. – Ehre sei dem Vater. – Gegrüßet seist du.

2. Fastensonntag – Reminiscere

Lesung aus dem Buch der Psalmen

Reminiscere miserationum tuarum, Domine, et misericordiarum tuarum, quoniam a saeculo sunt. Neque exsultent super me inimici mei. Libera, Deus, Israel ex omnibus tribulationibus suis.

25 [6] *Denk an dein Erbarmen, Herr, und an die Taten deiner Huld, denn sie bestehen seit Ewigkeit.* [2] *Lass unsere Feinde nicht triumphieren!* [22] *Befreie uns, Gott Israels, aus all unseren Nöten.*

Gedanken zum Tag

Zweiter Pausentag – ein nachdenklicher: Not und Elend, Plagen und Sorgen begleiten die Menschheit von Anfang an. In ihnen erkennen wir unsere Schwäche und Verletzlichkeit als geschöpfliche Wesen. Im Glauben sehen wir aber auch, dass Vieles davon auch Folge unserer Abkehr von unserem Ursprung in Gott ist.

Aber alles, was gegen uns steht, kann nicht endgültig siegen, wenn Gott auf unserer Seite ist. Und dies hat er uns zugesagt. Sein Erbarmen ist ohne Grenzen und seine Liebe hat kein Ende. Genauso ist seine Barmherzigkeit unendlich.

Nur: Vergesse ich selbst das am Ende? Habe ich aufgehört zu hoffen? Habe ich den Gesprächsfaden zu Gott abreißen lassen? Sehe ich in aller Not nur meine Situation und ist mein Vertrauen auf Gottes Geleit aufgebraucht?

Wie sieht es aus mit meinem Glauben daran, dass Gott mir immer und immer wieder Leben und Freude schenken kann und will?

Lasset uns beten!

Herr, ...

Gott, du hast uns geboten, auf deinen geliebten Sohn zu hören. Nähre uns mit deinem Wort und reinige die Augen unseres Geistes, damit wir fähig werden, deine Herrlichkeit zu erkennen. Darum bitten wir durch Jesus Christus, unseren Herrn. Amen.

Vater unser. – Herr, wie du willst. – Ehre sei dem Vater. – Gegrüßet seist du

Glasfenster in St. Johann Baptist auf dem Bussen in Uttenweiler-Offingen:
Die Freuden Mariens

Die Verkündigung durch den Engel, die Begegnung mit der schwangeren Elisabeth, die Geburt des Kindes in Betlehem, der Besuch der Weisen, die Wiederauffindung des Zwölfjährigen im Tempel, die Auferstehung Jesu und Mariens eigene Aufnahme in den Himmel zeigen die Lebensreise der Muttergottes in einem helleren Licht.

Montag der 2. Fastenwoche

Lesung aus dem Buch Exodus

7 *Das dritte Zeichen: Die Frösche* ²⁶ *Hierauf gebot der HERR dem Mose:* »Gehe zum Pharao und sage zu ihm: ›So hat der HERR gesprochen: Laß mein Volk ziehen, damit es mir diene! ²⁷ Wenn du dich aber weigerst, es ziehen zu lassen, so will ich dein ganzes Gebiet mit Fröschen heimsuchen. ²⁸ Der Nil soll dann von Fröschen wimmeln; die sollen heraufkommen und in deinen Palast, in dein Schlafgemach und auf dein Bett kriechen und in die Häuser deiner Diener und unter dein Volk, auch in deine Backöfen und Backtröge dringen; ²⁹ ja an dir selbst und deinen Untertanen und an all deinen Dienern sollen die Frösche hinaufkriechen!‹«.*

8 ¹ *Hierauf gebot der HERR dem Mose:* »Sage zu Aaron: ›Strecke deine Hand mit deinem Stabe aus über die Stromarme, die Kanäle und Teiche, und laß die Frösche über das Land Ägypten heraufkommen!‹« ² Da streckte Aaron seine Hand über die Gewässer Ägyptens aus, und die Frösche kamen herauf und bedeckten das Land Ägypten. ³ Aber auch die Zauberer taten dasselbe vermittels ihrer Geheimkünste: auch sie ließen die Frösche über das Land Ägypten kommen. ⁴ Da ließ der Pharao Mose und Aaron kommen und sagte:* »Legt beim HERRN Fürbitte für mich ein, daß er die Frösche von mir und meinem Volk entferne! Dann will ich das Volk ziehen lassen, damit es dem HERRN opfert.« ⁵ Mose antwortete dem Pharao: »Verfüge über mich! Auf wann soll ich für dich, für deine Diener und dein Volk die Vertilgung der Frösche erbitten, damit sie von dir und aus deinen Palästen verschwinden und nur noch im Nil verbleiben?« ⁶ Er antwortete: »Auf morgen!« Da sagte Mose: »Wie du wünschest, so sei es! Du sollst erkennen, daß niemand dem HERRN, unserm Gott, gleich ist. ⁷ Die Frösche sollen also von dir und aus deinen Palästen, von deinen Dienern und deinem Volk weichen; nur im Nil sollen sie verbleiben!« ⁸ Als Mose und Aaron dann vom Pharao weggegangen waren, betete Mose laut zum HERRN wegen der Frösche, mit denen er den*

Pharao heimgesucht hatte. *⁹ Da tat der HERR nach der Bitte Moses, so daß die Frösche in den Häusern, in den Gehöften und auf den Feldern hinwegstarben; ¹⁰ man schüttete sie überall in Haufen zusammen, und das Land stank davon.*

¹¹ Als aber der Pharao merkte, daß er Luft[I] bekommen hatte, verstockte er sein Herz weiter und hörte nicht auf sie, wie der HERR es vorausgesagt hatte.

Lithographie Nr. 11: Aaron beschwört die Frösche (Ex 8,6)

Im selben Moment, in dem Aaron den Stab hebt, hüpfen schon die ersten Frösche an Land. Mose sieht dies mit Betroffenheit, der Pharao mit abweisendem Gesichtsausdruck, seine Verstocktheit hat ihn ganz eingenommen.

[I] im Sinne von Erleichterung.

Gedanken zum Tag

Es ist spannend zu sehen, dass auch der Pharao bei all den Plagen nicht inaktiv bleibt. Er hat eigene Zauberer. Und die können scheinbar Frösche herbeirufen. Hat also Gott lediglich mit Taschenspielertricks gearbeitet?

Das Problem ist nur: ein Unglück ist schnell herbeigerufen, aber viel weniger schnell bewältigt. Der Plage Herr werden die Zauberer des Pharaos nicht. Es braucht das machtvolle Handeln Gottes, damit es wieder gut wird.

Kenne ich das an mir selbst? Wenn ich meine, ich kann das von mir organisierte Chaos wieder beseitigen? Wenn ich merke, dass mir alles entgleitet? Auf wen setze ich dann? Nur auf mich allein?

Lasset uns beten!

Herr, wo immer ich am Ende bin, da ...

Vater unser. – Herr, wie du willst. – Ehre sei dem Vater. – Gegrüßet seist du.

Dienstag der 2. Fastenwoche

Lesung aus dem Buch Exodus

8 *Das vierte Zeichen: Die Stechmücken* [12] *Hierauf sagte der HERR zu Mose:* »Befiehl dem Aaron: ›Strecke deinen Stab aus und schlage mit ihm den Staub auf dem Erdboden, damit er sich in ganz Ägypten in Stechmücken verwandelt!‹« [13] *Und sie taten so: Aaron streckte seine Hand mit dem Stabe aus und schlug damit den Staub auf dem Erdboden; da kamen die Stechmücken an die Menschen und an das Vieh; aller Staub auf dem Erdboden wurde zu Stechmücken in ganz Ägypten.* [14] *Die ägyptischen Zauberer bemühten sich mit ihren Geheimkünsten ebenso, Stechmücken hervorzubringen, vermochten es aber nicht; die Stechmücken aber saßen an Menschen und Vieh.* [15] *Da sagten die Zauberer zum Pharao:* »Das ist eines Gottes Finger!« *Doch das Herz des Pharaos blieb hart, und er hörte nicht auf sie, wie der HERR es vorausgesagt hatte.*

Das fünfte Zeichen: Die Hundsfliegen [16] *Hierauf gebot der HERR dem Mose:* »Mache dich morgen in der Frühe auf und tritt vor den Pharao hin, wenn er hinaus an den Fluß geht, und sage zu ihm: ›So hat der HERR gesprochen: Laß mein Volk ziehen, damit es mir diene! [17] Denn wenn du mein Volk nicht ziehen läßt, so will ich Hundsfliegen über dich und deine Diener, über dein Volk und deine Paläste kommen lassen, so daß die Häuser der Ägypter und sogar der Erdboden, auf dem sie stehen, voll von Hundsfliegen sein werden. [18] Aber an demselben Tage will ich das Land Gosen, wo mein Volk wohnt, absondern, so daß es dort keine Hundsfliegen geben soll, damit du erkennst, daß ich der HERR bin inmitten dieses Landes. [19] Ich will also eine Scheidung zwischen meinem und deinem Volk eintreten lassen: morgen soll dies Zeichen geschehen!« [20] *Und der HERR tat so: es kamen Hundsfliegen in gewaltiger Menge in den Palast des Pharaos und in die Wohnungen seiner Diener und über das ganze Land Ägypten, und das Land litt schwer unter den Hundsfliegen.*

²¹ Da ließ der Pharao Mose und Aaron rufen und sagte: »Geht hin und opfert eurem Gott hier im Lande!« ²² Da antwortete Mose: »Es geht nicht an, daß wir das tun; denn wir bringen dem HERRN, unserm Gott, Opfer dar, die den Ägyptern ein Greuel sind. Wenn wir nun vor den Augen der Ägypter Opfer darbrächten, die ihnen ein Greuel sind, würden sie uns da nicht steinigen? ²³ Nein, drei Tagereisen weit wollen wir in die Wüste ziehen und dem HERRN, unserm Gott, dort opfern, wie er uns geboten hat.« ²⁴ Da sagte der Pharao: »Ich will euch ziehen lassen, damit ihr dem HERRN, eurem Gott, in der Wüste opfern könnt; nur entfernt euch nicht zu weit und legt Fürbitte für mich ein!« ²⁵ Mose antwortete: »Sobald ich dich jetzt verlassen habe, will ich beim HERRN Fürbitte einlegen, daß die Hundsfliegen morgen vom Pharao, von seinen Dienern und seinem Volk verschwinden; nur möge dann der Pharao uns nicht abermals täuschen, indem er das Volk doch nicht ziehen läßt, damit es dem HERRN opfern kann!« ²⁶ Als Mose hierauf vom Pharao weggegangen war und zum HERRN gebetet hatte, ²⁷ erfüllte der HERR dem Mose seine Bitte: er ließ die Hundsfliegen vom Pharao, von seinen Dienern und seinem Volk verschwinden, so daß keine einzige übrigblieb. ²⁸ Aber der Pharao verstockte sein Herz auch diesmal und ließ das Volk nicht ziehen.

9 *Das sechste Zeichen: Die Viehseuche ¹ Hierauf sagte der HERR zu Mose: »Gehe zum Pharao und sage zu ihm: ›So hat der HERR, der Gott der Hebräer, gesprochen: Laß mein Volk ziehen, damit es mir diene! ² Denn wenn du dich weigerst, es ziehen zu lassen, und sie noch länger zurückhältst, ³ so wird die Hand des HERRN über dein Vieh auf dem Felde kommen, über die Pferde, Esel und Kamele, über die Rinder und das Kleinvieh mit einer sehr schlimmen Seuche. ⁴ Der HERR wird dabei aber einen Unterschied zwischen dem Vieh der Israeliten und dem Vieh der Ägypter machen, so daß von dem gesamten Besitz der Israeliten kein Stück fallen wird.‹« ⁵ Darauf setzte der HERR eine bestimmte Zeit fest mit den Worten: »Morgen schon wird der HERR dies im Lande geschehen lassen!« ⁶ Und am andern Tage ließ der HERR dies wirklich eintreten: alles Vieh der Ägypter starb, während vom Vieh der Israeliten kein einziges Stück fiel. ⁷ Als* *der Pharao nämlich hinsandte, um nachzusehen, stellte es sich heraus, daß vom Vieh der Israeliten kein einziges Stück gefallen war. Aber das Herz des Pharaos blieb trotzdem verstockt, so daß er das Volk nicht ziehen ließ.*

Das siebte Zeichen: Die Blattern [8] *Hierauf gebot der HERR dem Mose und Aaron: »Nehmt euch eure beiden Hände voll Ofenruß, und Mose soll ihn vor den Augen des Pharaos himmelwärts streuen!* [9] *Dann wird er sich als feiner Staub über das ganze Land Ägypten verbreiten und an Menschen und am Vieh zu Beulen werden, die als Geschwüre aufbrechen, im ganzen Lande Ägypten!«* [10] *Da nahmen sie Ofenruß und traten vor den Pharao, und Mose streute ihn himmelwärts; da wurde er zu Beulen, die als Geschwüre an den Menschen und am Vieh aufbrachen.* [11] *Die Zauberer aber konnten nicht vor Mose treten wegen der Beulen; denn die Beulen waren an den Zauberern ebenso wie an allen anderen Ägyptern aufgebrochen.* [12] *Doch der HERR verhärtete das Herz des Pharaos, so daß er nicht auf sie hörte, wie der HERR es dem Mose vorausgesagt hatte.*

Lithographie Nr. 12: Mose streut den Ofenruß (Ex 9,10)

Mit weit auslandenden Bewegungen wirft Mose den Ruß um sich. Um ihn wird es finster-schwarz. Er aber geht unbeirrt und grimmig in sich gekehrt beständig weiter.

Gedanken zum Tag

Mose und der Pharao liefern sich ein Katz-und-Maus-Spiel. Das Problem ist nicht, dass der Pharao nicht bemerken würde, wer wirklich der Gegenspieler ist. Sein Hochmut lässt ihn annehmen, dass er diesem überlegen sei, dass die gegenwärtige Plage nur ein Zufallstreffer war und beim nächsten Mal schon alles gut geht.

Kenne ich das nicht? Wo bin ich denn manchmal total verstockt? Wo denke ich hochmütig, ich sei auf Gott nicht angewiesen oder ich bedürfte seiner nicht? Wo lasse ich ihn beiseite?

Lasset uns beten!

Herr, ich sehe, was für mich gut ist, und tue es doch nicht, ...

Vater unser. – Herr, wie du willst. – Ehre sei dem Vater. – Gegrüßet seist du.

Mittwoch der 2. Fastenwoche

Lesung aus dem Buch Exodus

9 *Das achte Zeichen: Der Hagel* [13] *Hierauf gebot der HERR dem Mose: »Tritt morgen in der Frühe vor den Pharao und sage zu ihm: ›So hat der HERR, der Gott der Hebräer, gesprochen: Laß mein Volk ziehen, damit es mir diene!* [14] *Denn diesmal will ich alle meine Plagen gegen dich selbst sowie gegen deine Diener und dein Volk loslassen, damit du erkennst, daß niemand mir gleichkommt auf der ganzen Erde!* [15] *Denn schon jetzt hätte ich meine Hand ausstrecken und dich samt deinem Volk mit der Pest schlagen können, so daß du von der Erde vertilgt worden wärst;* [16] *aber ich habe dich absichtlich leben lassen, um an dir meine Kraft zu erweisen und damit mein Name auf der ganzen Erde gepriesen wird.* [17] *Wenn du dich noch länger dagegen sträubst, mein Volk ziehen zu lassen,* [18] *so will ich morgen um diese Zeit einen sehr schweren Hagel niedergehen lassen, wie ein solcher nie zuvor in Ägypten dagewesen ist vom Tage seiner Gründung an bis jetzt.* [19] *Sende also hin und laß dein Vieh und alles, was du im Freien hast, in Sicherheit bringen: denn alle Menschen und alle Tiere, die sich im Freien befinden und nicht unter Dach und Fach gebracht worden sind, werden sterben, wenn der Hagel auf sie niederfällt!«* [20] *Wer nun von den Leuten des Pharaos die Drohung des HERRN fürchtete, der brachte seine Knechte und sein Vieh unter Dach und Fach in Sicherheit;* [21] *wer aber die Drohung des HERRN nicht beachtete, der ließ seine Knechte und sein Vieh im Freien.*

[22] *Da gebot der HERR dem Mose: »Strecke deine Hand gen Himmel aus, damit Hagel in ganz Ägypten falle auf Menschen und Vieh und auf alles, was in Ägypten auf den Feldern gewachsen ist!«* [23] *Als nun Mose seinen Stab gen Himmel ausstreckte, ließ der HERR donnern und hageln, und Feuer fuhr zur Erde nieder, und der HERR ließ Hagel auf Ägypten regnen;* [24] *mit dem Hagel aber kamen unaufhörliche Blitze mitten in den Hagel hinein so furchtbar, wie man etwas Derartiges in ganz Ägypten noch nicht erlebt hatte, seit es von einem Volk bewohnt war.* [25] *Der Hagel erschlug in ganz Ägypten alles, was sich im Freien befand, Menschen wie Tiere; auch alle Feldgewächse*

zerschlug der Hagel und zerschmetterte alle Bäume auf dem Felde. ²⁶ Nur im Lande Gosen, wo die Israeliten wohnten, fiel kein Hagel.

²⁷ Da ließ der Pharao Mose und Aaron rufen und sagte zu ihnen: »Diesmal habe ich mich versündigt: der HERR ist im Recht, ich aber und mein Volk sind im Unrecht! ²⁸ Legt Fürbitte beim HERRN ein; denn der Donnerschläge Gottes und des Hagels ist nun mehr als genug: ich will euch ziehen lassen, und ihr sollt nicht länger hier bleiben!« ²⁹ Da antwortete ihm Mose: »Sobald ich zur Stadt hinausgehe, will ich meine Hände zum HERRN ausbreiten; dann werden die Donnerschläge aufhören, und kein Hagel wird mehr fallen, damit du erkennst, daß die Erde dem HERRN gehört. ³⁰ Aber ich weiß wohl: du und deine Diener, ihr fürchtet euch immer noch nicht vor Gott dem HERRN.« ³¹ Der Flachs und die Gerste waren zerschlagen, denn die Gerste stand schon in Ähren und der Flachs in Blüte; ³² aber der Weizen und der Spelt waren nicht zerschlagen, weil sie spätzeitig sind. ³³ Als Mose dann vom Pharao hinweg aus der Stadt hinausgegangen war, breitete er seine Hände zum HERRN aus; da hörten die Donnerschläge und der Hagel auf, und auch der Regen strömte nicht mehr auf die Erde nieder.

³⁴ Als nun der Pharao sah, daß der Regen, der Hagel und der Donner aufgehört hatten, fuhr er fort zu sündigen und verstockte sein Herz, er samt seinen Dienern. ³⁵ So blieb denn das Herz des Pharaos hart, und er ließ die Israeliten nicht ziehen, wie der HERR es durch Mose vorausgesagt hatte.

10

Das neunte Zeichen: Die Heuschrecken ¹ Hierauf sagte der HERR zu Mose: »Gehe zum Pharao! Denn ich selbst habe ihm und seinen Dienern das Herz verhärtet, um diese meine Zeichen in ihrer Mitte zu verrichten, ² und damit du deinen Kindern und Kindeskindern einst erzählen kannst, wie ich gegen die Ägypter vorgegangen bin und welche Zeichen ich unter ihnen vollführt habe: erkennen sollt ihr, daß ich der HERR bin!« ³ Da gingen Mose und Aaron zum Pharao und sagten zu ihm: »So hat der HERR, der Gott der Hebräer, gesprochen: ›Wie lange willst du dich noch sträuben, dich vor mir zu demütigen? Laß mein Volk ziehen, damit es mir diene! ⁴ Denn wenn du dich weigerst, mein Volk ziehen zu lassen, so will ich morgen

Heuschrecken in dein Land kommen lassen; ⁵ die werden die Oberfläche des Erdbodens so bedecken, daß man den Erdboden nicht mehr wird sehen können, und sollen alles auffressen, was von dem Hagelwetter verschont geblieben und euch noch übriggelassen ist; sie sollen auch alle Bäume abfressen, die euch auf dem Felde wachsen; ⁶ sie sollen auch deine Paläste und die Häuser aller deiner Diener und die Häuser aller Ägypter anfüllen, wie es deine Väter und die Väter deiner Väter, seitdem sie auf dem Erdboden gewesen sind, bis auf den heutigen Tag nicht erlebt haben!« Damit wandte er sich und verließ den Pharao.

⁷ Da sagten die Diener des Pharaos zu ihm: »Wie lange soll dieser Mensch uns noch unglücklich machen? Laß doch die Leute ziehen, damit sie dem HERRN, ihrem Gott, dienen! Siehst du noch nicht ein, daß Ägypten zugrunde gerichtet wird?« ⁸ Hierauf holte man Mose und Aaron zum Pharao zurück, und er sagte zu ihnen: »Zieht hin und dient dem HERRN, eurem Gott! Wer soll denn alles hinziehen?« ⁹ Da antwortete Mose: »Mit jung und alt wollen wir hinausziehen, mit unsern Söhnen und unsern Töchtern, mit unserm Kleinvieh und unsern Rindern wollen wir hinausziehen; denn wir haben ein Fest des HERRN zu feiern.« ¹⁰ Da antwortete er ihnen: »Möge der HERR ebenso mit euch sein, wie ich euch mit Weib und Kind ziehen lasse! Seht ihr wohl, daß ihr Böses im Sinn habt? ¹¹ Daraus wird nichts! Ihr Männer mögt hinziehen und dem HERRN dienen: das ist ja auch euer Begehr gewesen!« Hierauf wies man sie vom Pharao weg.

¹² Da gebot der HERR dem Mose: »Strecke deine Hand über das Land Ägypten aus, damit die Heuschrecken über das Land kommen und alle Feldgewächse abfressen, alles, was der Hagel übriggelassen hat!« ¹³ Da streckte Mose seinen Stab über das Land Ägypten aus, und der HERR ließ einen Ostwind über das Land hin wehen jenen ganzen Tag und die ganze Nacht; als es dann Morgen wurde, hatte der Ostwind die Heuschrecken herbeigebracht. ¹⁴ So kamen denn die Heuschrecken über das ganze Land Ägypten und ließen sich in allen Teilen Ägyptens in gewaltiger Menge nieder; nie zuvor waren so viele Heuschrecken dagewesen wie damals, und künftig wird es nie wieder so viele geben. ¹⁵ Sie bedeckten die Oberfläche des

ganzen Landes, so daß der Erdboden nicht mehr zu sehen war, und sie fraßen alle Feldgewächse ab und alle Baumfrüchte, die der Hagel übriggelassen hatte, so daß nichts Grünes mehr an den Bäumen und an den Feldgewächsen im ganzen Lande Ägypten übrigblieb.

[16] Da ließ der Pharao in aller Eile Mose und Aaron rufen und sagte: »Ich habe mich am HERRN, eurem Gott, und an euch versündigt! [17] Und nun vergib mir meine Verfehlung nur noch dies eine Mal und betet zum HERRN, eurem Gott, daß er wenigstens dieses Verderben von mir abwende!« [18] Als nun (Mose) vom Pharao weggegangen war und zum HERRN gebetet hatte, [19] da wandte der HERR den Wind, so daß er sehr stark aus dem Westen wehte; der hob die Heuschrecken auf und warf sie ins Schilfmeer, so daß keine einzige Heuschrecke im ganzen Bereich von Ägypten übrigblieb.

[20] Aber der HERR verhärtete das Herz des Pharaos, so daß er die Israeliten nicht ziehen ließ.

Das zehnte Zeichen: Die Finsternis [21] Hierauf gebot der HERR dem Mose: »Strecke deine Hand gen Himmel aus, damit eine Finsternis über das Land Ägypten komme, so dicht, daß man sie greifen kann.« [22] Als nun Mose seine Hand gen Himmel ausgestreckt hatte, entstand eine Finsternis im ganzen Land Ägypten drei Tage lang. [23] Kein Mensch konnte den andern sehen, und keiner erhob sich von seinem Platz drei Tage lang; aber die Israeliten hatten alle hellen Tag in ihren Wohnsitzen.

[24] Da ließ der Pharao Mose rufen und sagte: »Zieht hin, dient dem HERRN! Nur euer Kleinvieh und eure Rinder sollen hier zurückbleiben; auch eure Frauen und Kinder mögen mit euch gehen!« [25] Da antwortete Mose: »Nicht nur mußt du selbst uns Tiere zu Schlacht- und Brandopfern mitgeben, damit wir sie dem HERRN, unserm Gott, darbringen, [26] sondern auch unser Vieh muß mit uns ziehen: keine Klaue darf zurückbleiben! Denn davon müssen wir Tiere zur Verehrung des HERRN, unsers Gottes, nehmen; wir wissen ja nicht, was wir dem HERRN zu opfern haben, ehe wir an Ort und Stelle sind.«

²⁷ Aber der HERR verhärtete das Herz des Pharaos, so daß er sie nicht ziehen lassen wollte, ²⁸ sondern zu Mose sagte: »Hinweg von mir! Hüte dich, mir nochmals vor die Augen zu treten! Denn sobald du dich wieder vor mir sehen läßt, bist du des Todes!« ²⁹ Da antwortete Mose: »Du hast recht geredet: ich werde dir nicht wieder vor die Augen treten!«

Lithographie Nr. 13: Mose ist zum letzten Mal beim Pharao (Ex 10,28)

Mose wendet dem Pharao bereits den Rücken zu. Sein Auftritt hier ist ergebnislos. Aaron im Hintergrund ist ganz verstummt. Der Pharao wendet sich ebenfalls ab: genug geredet!

Gedanken zum Tag

Späte Einsicht: Wer sich gegen Gott wendet, wer ihn total ablehnt, der nimmt sich selbst die Lebensgrundlagen und muss versuchen, mit den Folgen zu leben. Der Pharao scheitert bei diesem notwendigen Lernprozess, der ihm durch die Plagen ermöglicht ist, immer wieder. Nach aller Erkenntnis, dass er gegen Gott gehandelt, sich von ihm entfernt, also gesündigt hat, trifft der Pharao doch immer wieder spektakuläre Fehlentscheidungen, sein gegebenes Versprechen zu brechen. So viel Frechheit und Unvernunft kann sich die Heilige Schrift nur damit erklären, dass es Gott selber ist, der ihm das Herz verhärtet. Am Ende stimmt das sogar, wenngleich wahrscheinlich nur mittelbar: Wer sich ganz von Gott entfernt hat, dem hilft nur noch die direkte Zuwendung an seine Barmherzigkeit. Nur aus uns selbst heraus wird unser Herz nicht weich genug für echtes eigenes Erbarmen und menschliches Handeln.

Was hilft mir, nüchtern und realistisch meine Lage, meine Fähigkeiten und Ressourcen und meine Möglichkeiten abzuschätzen? Welche Ziele kann ich damit erreichen? Und welche Rolle spielt Gott dabei für mich?

Lasset uns beten!

Herr, wenn ich auf meine Tendenzen schaue, mich doch immer wieder wider besseres Wissen von dir abzuwenden, dann muss ich gestehen: ich bin ein Sünder; aber du ...

Vater unser. – Herr, wie du willst. – Ehre sei dem Vater. – Gegrüßet seist du.

Donnerstag der 2. Fastenwoche

Lesung aus dem Buch Exodus

11 *Ankündigung der letzten Plage* ¹ *Darauf sagte der HERR zu Mose: »Noch eine einzige Plage will ich über den Pharao und über Ägypten kommen lassen; alsdann wird er euch von hier ziehen lassen, ja er wird, wenn er euch bedingungslos entläßt, euch sogar gewaltsam von hier wegtreiben.* ² *Gib nun dem Volke die bestimmte Weisung, daß sie sich insgesamt, Männer wie Weiber, silberne und goldene Wertsachen von ihren Nachbarn und Nachbarinnen erbitten.«* ³ *Der HERR stimmte dann die Ägypter günstig gegen das Volk; auch stand Mose in den Augen der Diener des Pharaos und des ganzen ägyptischen Volkes als ein großer Mann da.* ⁴ *Hierauf sagte Mose: »So hat der HERR gesprochen: ›Um Mitternacht will ich mitten durch Ägypten schreiten;* ⁵ *da soll dann jede Erstgeburt in Ägypten sterben, vom erstgeborenen Sohn des Pharaos an, der auf seinem Thron sitzt, bis zum Erstgeborenen der Magd, die hinter der Handmühle sitzt, auch alles Erstgeborene vom Vieh.* ⁶ *Da wird sich ein großes Wehgeschrei im ganzen Land Ägypten erheben, wie ein solches noch nie dagewesen ist und nie wieder stattfinden wird.* ⁷ *Aber gegen keinen Israeliten, weder gegen einen Menschen noch gegen das Vieh, soll auch nur ein Hund ein Knurren hören lassen, damit ihr erkennt, daß der HERR einen Unterschied zwischen den Ägyptern und den Israeliten macht.‹* ⁸ *Dann werden alle diese deine Diener zu mir herabkommen, sich vor mir niederwerfen und bitten: ›Ziehe weg, du und das ganze Volk, das deiner Leitung folgt!‹, und danach werde ich wegziehen.« Hierauf ging (Mose) vom Pharao weg in glühendem Zorn.* ⁹ *Der HERR hatte aber zu Mose gesagt: »Der Pharao wird nicht auf euch hören, damit meine Wunder in Ägypten zahlreich werden.«*

¹⁰ *So haben denn Mose und Aaron alle diese Wunder vor dem Pharao vollführt; aber der HERR verstockte das Herz des Pharaos, so daß er die Israeliten aus seinem Lande nicht ziehen ließ.*

Lithographie Nr. 14: Mose weiß, dass die Erstgeburt der Ägypter sterben wird (Ex 11,4f.)

Mose fasst sich an die Brust: die Luft bleibt ihm weg und er duckt sich, so erschrickt er über die schreckliche letzte Plage, welcher der Pharao nicht ausweichen will. Doch sein Blick ist fest.

Gedanken zum Tag

Es gibt Entscheidungen, die gehen auf Leben und Tod. Am Ende aller Plagen kommt der Machthaber immer noch nicht zur Vernunft. Das kostet andere ihr Leben. Keiner kann sagen, es habe keinen anderen Weg gegeben. Wer seine Macht über andere ausnutzt, wer völlig gottlos über andere herrscht, der bringt Unheil und Unfrieden über sich und alle anderen.

Und doch: wären wir besser? Würden wir für Gott restlos alles wagen?

Lasset uns beten!

Herr, ich will mich immer für das Leben entscheiden, aber ...; hilf du mir ...

Vater unser. – Herr, wie du willst. – Ehre sei dem Vater. – Gegrüßet seist du.

Freitag der 2. Fastenwoche

Lesung aus dem Buch Exodus

12

Anordnungen über die Zubereitung und das Essen des Passahlammes [1] *Darauf gebot der HERR dem Mose und Aaron im Lande Ägypten folgendes:* [2] *»Der gegenwärtige Monat soll euch als Anfangsmonat gelten! Der erste soll er euch unter den Monaten des Jahres sein!* [3] *Gebt der ganzen Gemeinde Israel folgende Weisungen: Am zehnten Tage dieses Monats, da nehme sich jeder (Hausvater) ein Lamm, für je eine Familie ein Lamm;* [4] *und wenn eine Familie zu klein für ein ganzes Lamm ist, so nehme er und sein ihm zunächst wohnender Nachbar eins gemeinsam nach der Zahl der Seelen! Ihr sollt auf das Lamm so viele Personen rechnen, als zum Verzehren erforderlich sind!* [5] *Es müssen fehlerlose, männliche, einjährige Lämmer sein; von den Schafen oder von den Ziegen sollt ihr sie nehmen.* [6] *Bis zum vierzehnten Tage dieses Monats sollt ihr sie in Verwahrung haben; dann soll die gesamte Volksgemeinde Israel sie zwischen den beiden Abenden schlachten!* [7] *Hierauf sollen sie etwas von dem Blut nehmen und es an die beiden Türpfosten und an die Oberschwelle an den Häusern streichen, in denen sie die Mahlzeit halten.* [8] *Sie sollen dann das Fleisch noch in derselben Nacht essen, und zwar am Feuer gebraten, und dazu ungesäuertes Brot; mit bitteren Kräutern sollen sie es essen.* [9] *Ihr dürft nichts davon roh oder im Wasser gekocht genießen, sondern am Feuer gebraten, und zwar so, daß der Kopf noch mit den Beinen und mit dem Rumpf zusammenhängt!* [10] *Ihr dürft nichts davon bis zum andern Morgen übriglassen, sondern was etwa davon bis zum Morgen übrigbleibt, sollt ihr im Feuer verbrennen.*

[11] *Und auf folgende Weise sollt ihr es essen: eure Hüften gegürtet, eure Schuhe an den Füßen und euren Stab in der Hand; und in ängstlicher Hast sollt ihr es essen: ein Vorübergehen des HERRN*[J] *ist es.* [12] *Denn ich will in dieser Nacht durch das Land Ägypten schreiten und alle Erstgeburt in*

[J] hebräisch Passah [sprich: Paß-cha] oder Pessach = Vorübergang

Ägypten sterben lassen sowohl von den Menschen als vom Vieh, und ich will an allen ägyptischen Göttern ein Strafgericht vollziehen, ich, der HERR! [13] Dabei soll dann das Blut an den Häusern, in denen ihr euch befindet, ein Zeichen zu eurem Schutz sein; denn wenn ich das Blut sehe, will ich schonend an euch vorübergehen, und es soll euch kein tödliches Verderben treffen, wenn ich den Schlag gegen das Land Ägypten führe.«

Mose teilt den Ältesten die Vorschriften über das Passah mit [21] Da berief Mose alle Ältesten der Israeliten und sagte zu ihnen: »Geht hin und holt euch Kleinvieh, für jede Familie ein Stück, und schlachtet es als Passah! [22] Dann nehmt einen Büschel Ysop, taucht ihn in das Blut im Becken und streicht etwas von dem Blut im Becken an die Oberschwelle und an die beiden Pfosten der Tür; keiner von euch darf aber bis zum andern Morgen aus der Tür seines Hauses hinausgehen! [23] Wenn dann der HERR einherschreitet, um die Ägypter sterben zu lassen, und er das Blut an der Oberschwelle und an den beiden Türpfosten sieht, so wird der HERR an der Tür schonend vorübergehen und dem Würgengel nicht gestatten, in eure Häuser einzutreten, um euch sterben zu lassen. [24] Ihr sollt aber dieses Gebot als eine Satzung für euch und eure Kinder auf ewige Zeiten beobachten! [25] Auch wenn ihr in das Land kommt, das der HERR euch nach seiner Verheißung geben wird, sollt ihr diesen heiligen Brauch stets beobachten! [26] Wenn eure Kinder euch dann fragen: ›Was bedeutet dieser Brauch bei euch?‹, [27] so sollt ihr antworten: ›Es ist das Passahopfer für den HERRN, der in Ägypten an den Häusern der Israeliten schonend vorübergegangen ist: während er die Ägypter sterben ließ, hat er unsere Häuser verschont.‹« Da verneigte sich das Volk und warf sich zur Erde nieder.

[28] Hierauf gingen die Israeliten hin und taten so; wie der HERR dem Mose und Aaron geboten hatte, so taten sie. [29] Um Mitternacht aber begab es sich, daß der HERR alle Erstgeburten im Lande Ägypten sterben ließ, vom erstgeborenen Sohn des Pharaos an, der auf seinem Thron saß, bis zum Erstgeborenen des Gefangenen, der im Kerker lag, auch alles Erstgeborene des Viehs. [30] Da stand der Pharao in dieser Nacht auf, er und alle seine Diener und alle übrigen Ägypter, und es erhob sich ein großes Wehgeschrei

in Ägypten; denn es gab kein Haus, in dem nicht ein Toter gelegen hätte. [31] Da ließ (der Pharao) noch in der Nacht Mose und Aaron rufen und sagte: »Macht euch auf, zieht aus meinem Volk hinweg, sowohl ihr als auch die Israeliten! Geht hin und dient dem HERRN, wie ihr gesagt habt! [32] Auch euer Kleinvieh und eure Rinder nehmt mit, wie ihr gesagt habt: geht hin und bittet auch für mich um Segen!« [33] Auch die Ägypter drängten das Volk zu schleunigem Aufbruch aus dem Lande; denn sie dachten: »Wir sind (sonst) alle des Todes!« [34] Da nahm das Volk seinen Brotteig, noch ehe er gesäuert war, ihre Backschüsseln, die sie, in ihre Mäntel gewickelt, auf den Schultern trugen. [35] Die Israeliten hatten aber (zuvor) die Weisung Moses befolgt und sich von den Ägyptern silberne und goldene Wertsachen sowie Kleider erbeten; [36] und der HERR hatte dabei die Ägypter gegen das Volk günstig gestimmt, so daß sie ihnen das Erbetene gewährten; und so plünderten sie die Ägypter aus.

Lithographie Nr. 15: Mose isst das Passah-Mahl (Ex 12,11)

Voll ausgerüstet zum sofortigen Abmarsch stehen Mose und Aaron und essen schweigend das Passah-Mahl. Fleisch, Brot und Bitterkräuter sind alles, was der kleine Tisch zu bieten hat. Es eilt – der Wanderstab ist schon zur Hand.

Gedanken zum Tag

Jedes Jahr hören wir wieder in der Osternacht diese dunkle und beunruhigende Geschichte. Sie kann nicht weggelassen werden, denn sie ist die jüdische (und konsequenterweise auch christliche) Grunderzählung über das wirkungsvolle und rettende Eingreifen Gottes zugunsten seines auserwählten Volkes. Jedes Jahr gedenken nicht nur die Juden, sondern auch die Christen der mächtigen Hand Gottes, die sie der Willkür und der Unvernunft gottloser Herrscher hat entkommen lassen.

Gott greift ein. Und sein Volk muss etwas tun, um seinem Handeln zu entsprechen. Es ist ein Rettungseinsatz Gottes. Da kommt es auf jede Person und jede Minute an. Darum muss hastig gegessen werden, es bleibt keine Zeit für Sauerteig oder das Anlegen von Vorräten. Noch heute wird es darauf ankommen, aufzubrechen und mit Gott zu gehen.

Die Bedrückung der Israeliten, aber auch der Ägypter ist in diesem Text mit Händen zu fassen. Sie alle bezeugen: wo Gott eingreift, da geschieht Großes, ebenso schrecklich wie wunderbar. Gott ist einfach der immer Größere, ihm zu vertrauen führt zum Heil, sich gegen ihn zu stellen zum Unheil.

Immer kommt es auf meine Entscheidung an, wie ich mich gegenüber Gott stelle. Wo vertraue ich ihm, dass er helfen kann und bin sprungbereit, auf sein Zeichen hin sofort loszulegen oder aufzubrechen?

Wo muss ich erkennen, dass auch ich in der Gefahr bin, meine Entscheidungen von anderen Einflüssen abhängig zu machen, als allein vom Glauben, von der Hoffnung und von der Liebe, die aus Gott kommen?

Lasset uns beten!

Herr, du bist für mich oft unerklärlich, aber hilf mir, immer neu Vertrauen zu dir zu fassen, indem du ... Dann kann ich mich neu entscheiden, ...

Vater unser. – Herr, wie du willst. – Ehre sei dem Vater. – Gegrüßet seist du.

Samstag der 2. Fastenwoche

Lesung aus dem Buch Exodus

12 ^{37} So brachen denn die Israeliten von Ramses nach Sukkoth zu auf, ungefähr sechshunderttausend Mann zu Fuß, die Männer allein, ungerechnet die Weiber und Kinder. ^{38} Auch viel zusammengelaufenes Volk zog mit ihnen, dazu Kleinvieh und Rinder, eine gewaltige Menge Vieh. ^{39} Aus dem Teig aber, den sie aus Ägypten mitgenommen hatten, buken sie (unterwegs) ungesäuerte Brotkuchen; denn er war ungesäuert, weil man sie aus Ägypten vertrieben und ihnen keine Zeit gelassen hatte; daher hatten sie auch für keine Wegzehrung sorgen können. ^{40} Die Zeit aber, während welcher die Israeliten in Ägypten gewohnt hatten, betrug 430 Jahre; ^{41} und nach Ablauf dieser 430 Jahre, und zwar an eben jenem Tage, zogen alle Heerscharen des HERRN aus dem Land Ägypten weg. ^{42} Eine Nacht des Wachens für den HERRN war das, damit er sie aus Ägypten wegführe; eben diese Nacht ist dem HERRN geweiht als ein von allen Israeliten für alle ihre künftigen Geschlechter zu beobachtendes Wachen.

^{51} An eben diesem Tage, an welchem der HERR die Israeliten aus Ägypten nach ihren Heerscharen [geordnet] hinwegführte,

13 ^{1} gebot der HERR dem Mose folgendes: ^{2} »Heilige mir alles Erstgeborene, alles, was bei den Israeliten zuerst aus dem Mutterschoß ans Tageslicht hervortritt, von Menschen wie vom Vieh: es gehört mir!« ^{3} Hierauf sagte Mose zum Volk: »Gedenkt des heutigen Tages, an dem ihr aus Ägypten weggezogen seid, aus dem Hause der Knechtschaft! Denn mit starker Hand hat der HERR euch von dort weggeführt; daher darf nichts Gesäuertes gegessen werden! ^{4} Heute zieht ihr aus im Monat Abib. ^{5} Wenn dich nun der HERR in das Land der Kanaanäer, Hethiter, Amoriter, Hewiter und Jebusiter gebracht hat, dessen Verleihung er deinen Vätern einst zugeschworen hat, ein Land, das von Milch und Honig überfließt, so sollst du diesen heiligen Brauch in diesem Monat beobachten:

⁶ Sieben Tage lang sollst du ungesäuertes Brot essen, und am siebten Tage findet ein Fest zu Ehren des HERRN statt! ⁷ Während der sieben Tage soll ungesäuertes Brot gegessen werden, und nichts Gesäuertes und kein Sauerteig darf in deinem ganzen Gebiet zu finden sein! ⁸ Deinen Kindern aber sollst du an diesem Tage folgendes kundtun: ›(Diesen Brauch beobachte ich) zur Erinnerung an das, was der HERR an mir getan hat, als ich aus Ägypten auszog.‹ ⁹ Und (dieser Brauch) soll dir gleichsam ein Denkzeichen an deiner Hand und ein Erinnerungsmal auf deiner Stirn sein, damit das Gesetz des HERRN in deinem Munde lebendig bleibt; denn mit starker Hand hat der HERR dich aus Ägypten weggeführt. ¹⁰ Darum sollst du diese Satzung zur bestimmten Zeit Jahr für Jahr beobachten!«

¹⁷ Als nun der Pharao das Volk hatte ziehen lassen, führte Gott sie nicht in der Richtung nach dem Lande der Philister, obgleich dies der nächste Weg gewesen wäre; denn Gott dachte: Das Volk könnte es sich gereuen lassen, wenn es Krieg in Aussicht hätte, und möchte wieder nach Ägypten zurückkehren. ¹⁸ Darum ließ Gott das Volk sich seitwärts in der Richtung nach der Wüste, gegen das Schilfmeer hin, wenden, und kampfgerüstet zogen die Israeliten aus Ägypten ab. ¹⁹ Mose nahm aber die Gebeine Josephs mit; denn dieser hatte die Israeliten feierlich schwören lassen und gebeten: »Wenn Gott sich einst an euch gnädig erweist, dann nehmt meine Gebeine von hier mit euch!« ²⁰ So brachen sie denn von Sukkoth auf und lagerten in Etham am Rande der Wüste. ²¹ Der HERR aber zog vor ihnen her, bei Tage in einer Wolkensäule, um ihnen den Weg zu zeigen, und nachts in einer Feuersäule, um ihnen zu leuchten, damit sie bei Tag und bei Nacht wandern könnten: ²² nicht wich die Wolkensäule bei Tage und nicht die Feuersäule nachts von der Spitze des Zuges.

14 *¹ Da gebot der HERR dem Mose folgendes: ² »Befiehl den Israeliten umzukehren und östlich von Pi-Hahiroth zwischen Migdol und dem Meer zu lagern! Gerade gegenüber von Baal-Zephon sollt ihr am Meer lagern! ³ Dann wird der Pharao von den Israeliten denken: ›Ratlos irren sie im Lande umher, die Wüste hält sie umschlossen!‹ ⁴ Dann will ich das Herz des*

Pharaos verhärten, daß er sie verfolgt, damit ich mich am Pharao und an seiner ganzen Heeresmacht verherrliche und damit die Ägypter erkennen, daß ich der HERR bin.« Und sie taten so.

⁵ Als nun dem König von Ägypten gemeldet wurde, daß das Volk entwichen sei, trat bei ihm und seinen Dienern eine Sinnesänderung dem Volk gegenüber ein, und sie sagten: »Was haben wir da getan, daß wir die Israeliten aus unserm Dienst entlassen haben!« ⁶ So ließ er denn seinen Streitwagen anschirren und nahm sein Kriegsvolk mit sich; ⁷ sechshundert auserlesene Kriegswagen nahm er mit und was sonst an Kriegswagen in Ägypten vorhanden war und die besten Kämpfer auf einem jeden von ihnen. ⁸ Denn der HERR hatte das Herz des Pharaos, des Königs von Ägypten, verhärtet, so daß er die Israeliten verfolgte, obgleich diese mit hocherhobener Hand[K] ausgezogen waren. ⁹ So setzten denn die Ägypter ihnen nach und holten sie ein, als sie sich eben am Meer gelagert hatten, alle Rosse und Wagen des Pharaos, seine Reiter und überhaupt seine Heeresmacht, bei Pi-Hahiroth, Baal-Zephon gegenüber.

¹⁰ Als nun der Pharao nahe herangekommen war und die Israeliten hinschauten und die Ägypter erblickten, die hinter ihnen herzogen, da gerieten die Israeliten in große Angst und schrien zum HERRN ¹¹ und sagten zu Mose: »Hast du uns etwa deshalb, weil es in Ägypten keine Gräber gab, mitgenommen, damit wir in der Wüste sterben? Was hast du uns da angetan, daß du uns aus Ägypten weggeführt hast! ¹² Haben wir dir nicht schon in Ägypten aufs bestimmteste erklärt: ›Laß uns in Ruhe: wir wollen den Ägyptern dienen!‹; denn besser wäre es für uns, den Ägyptern zu dienen, als hier in der Wüste zu sterben!« ¹³ Da entgegnete Mose dem Volk: »Fürchtet euch nicht! Haltet nur stand, so werdet ihr sehen, welche Rettung euch der HERR heute noch schaffen wird! Denn so, wie ihr die Ägypter heute seht, werdet ihr sie in alle Ewigkeit nicht wieder sehen. ¹⁴ Der HERR wird für euch streiten, verhaltet ihr euch nur ruhig!« ¹⁵ Da sagte der HERR zu Mose: »Was schreist du zu mir? Befiehl den Israeliten aufzubrechen. ¹⁶ Du aber hebe

---

[K] d.h. kampfbereit.

deinen Stab empor, strecke deine Hand über das Meer aus und spalte es, damit die Israeliten mitten durch das Meer hindurch auf trockenem Boden ziehen können. [17] *Ich aber will dann das Herz der Ägypter verhärten, daß sie hinter ihnen herziehen, und will mich am Pharao und an seiner ganzen Heeresmacht, an seinen Wagen und Reitern, verherrlichen;* [18] *und die Ägypter sollen erkennen, daß ich der HERR bin, wenn ich mich am Pharao, an seinen Wagen und Reitern verherrlicht habe.«*

Lithographie Nr. 16: Moses schreit zu JHWH (Ex 14,15)

Mose hat sich die Haare gerauft, sie stehen wirr nach oben. Händeringend kniet er mit weit aufgerissenen Augen hinaufblickend vor Gott. Er öffnet den Mund zur Diskussion, doch offenbar hört er bereits Gottes Antwort.

Gedanken zum Tag

Kaum entkommen wird den Israeliten klar, wohin sie geraten sind: ins Unland, in die Wüste, in Gefahr. Sie sind vom Regen in die Traufe gekommen, so kommt es ihnen vor. Das junge Vertrauen auf Gott hat bereits den ersten Kratzer bekommen.

Aber Gott ist treu. Er hört sofort auf Mose, der als Anführer und gleichzeitig Mittelsmann die Angst des Volkes im Gebet vor Gott bringt. Noch bevor Mose einen ganzen Satz sagen kann, bekommt er schon von Gott die Antwort: Aufbruch bedeutet Aufbruch. Die Flucht ist noch nicht zu Ende. Das Volk muss weiter.

Die unüberwindbare Grenze des Meeres ist das Ziel, aber nicht der Endpunkt. Und trotz der völlig unwahrscheinlichen Ankündigung, dass man trockenen Fußes durch ein Meer zieht, bricht das Volk mit neuem Mut auf.

Welche Hindernisse oder Grenzen, die ich am Horizont meines Lebens sehe, behindern mich in meinem Fortkommen? Wo wünsche ich mir die Zusage Gottes, dass es für mich einen Weg gibt, den er mir durch für mich Unüberwindliches bahnen will?

Lasset uns beten!

Herr, mit Dir unterwegs sein, bedeutet immer neu Vertrauen fassen und das Unwahrscheinlichste als möglich ansehen zu müssen; Hilf mir, wenn ...

Vater unser. – Herr, wie du willst. – Ehre sei dem Vater. – Gegrüßet seist du.

3. Fastensonntag – Oculi

Lesung aus dem Buch der Psalmen

Oculi mei semper ad Dominum, quia ipse evellet de laqueo pedes meos:
respice in me, et miserere mei, quoniam unicus et pauper sum ego. – Ad te
Domine levavi animam meam: Deus meus, in te confido, non erubescam.

25 [15] *Meine Augen schauen stets auf den Herrn; denn er befreit meine*
Füße aus dem Netz. [16] *Wende dich zu mir und sei mir gnädig; denn*
ich bin einsam und gebeugt. – [1] *Zu dir, HERR, erhebe ich meine Seele,* [2] *mein*
Gott, auf dich vertraue ich. Lass mich nicht zuschanden werden.

Gedanken zum Tag

Dritter Pausentag: ein Ausblick. Der Psalmist, der lange nach dem Auszug
aus Ägypten seine Lieder singt, hat die Erfahrung verinnerlicht: wer immer
auf Gott schaut, der hängt im Leben nicht fest. Es ist aber immer ein
Zusammenspiel: wo ich mich als einsam und gebeugt empfinde, da wird
nicht einfach ein Knoten für mich gelöst. Gott setzt auf den Dialog und auf
den Anruf des Gläubigen, denn er will nichts tun gegen unseren Willen.
Unsere Freiheit ist das höchste Gut, das Gott achtet, denn er sehnt sich
nach unserer Liebe – und eine Liebe, die nicht wirklich frei gewählt wird, ist
keine.

Also gehören zur Rettung meiner Seele zwei: Gott – und ich! Ist mir das klar,
dass ich selber für Gott eine zentrale Bedeutung auf dem Weg meines ganz
persönlichen Heiles habe? Und kann ich akzeptieren, dass der Schlüssel
dafür die Entscheidung ist, das Angebot der absoluten Liebe anzunehmen?

Lasset uns beten!

Herr, …

Gott, unser Vater, du bist der Quell des Erbarmens und der Güte, wir stehen als Sünder vor dir, und unser Gewissen klagt uns an. Sieh auf unsere Not und lass uns Vergebung finden durch Fasten, Gebet und Werke der Liebe. Darum bitten wir durch Jesus Christus, unseren Herrn. Amen.

Vater unser. – Herr, wie du willst. – Ehre sei dem Vater. – Gegrüßet seist du.

Glasfenster im Dom zu Unserer Lieben Frau in München:

Die Schöpfung nach Genesis 1. Auch sie ist eine Reise: im Lied dieses wunderbaren Schöpfungshymnus bedenkt die Bibel das Werden alles Geschaffenen aus dem Chaos des Nichts zu einer Welt, die „sehr gut" ist.

Montag der 3. Fastenwoche

Lesung aus dem Buch Exodus

14 [19] *Da änderte der Engel Gottes, der (bisher) vor dem Heer der Israeliten hergezogen war, seine Stellung und trat hinter sie; infolgedessen ging auch die Wolkensäule vorn vor ihnen weg und trat hinter sie,* [20] *so daß sie zwischen das Heer der Ägypter und das Heer der Israeliten zu stehen kam; und sie zeigte sich dort als Wolke und Finsternis, während sie hier die Nacht erleuchtete; so gerieten beide Heere die ganze Nacht hindurch nicht feindlich aneinander.* [21] *Als dann Mose seine Hand über das Meer ausstreckte, drängte der HERR das Meer durch einen starken Ostwind die ganze Nacht hindurch zurück und legte den Meeresboden trocken, und die Wasser spalteten sich.* [22] *So gingen denn die Israeliten trocknen Fußes mitten durch das Meer, während die Wasser ihnen wie eine Wand zur Rechten und zur Linken standen.*

[23] *Die Ägypter aber eilten ihnen nach und zogen hinter ihnen her, alle Rosse des Pharaos, seine Wagen und seine Reiter, mitten ins Meer hinein.* [24] *Zur Zeit der Morgenwache aber schaute der HERR in der Feuer- und Wolkensäule hin auf das Heer der Ägypter und brachte ihren Zug in Verwirrung;* [25] *er ließ die Räder ihrer Wagen abspringen und machte, daß sie nur mühsam vorwärts kamen. Da riefen die Ägypter: »Laßt uns vor den Israeliten fliehen, denn der HERR streitet für sie gegen die Ägypter!«* [26] *Da gebot der HERR dem Mose: »Strecke deine Hand über das Meer aus: damit die Wasser auf die Ägypter, auf ihre Wagen und ihre Reiter, zurückströmen!«* [27] *So streckte denn Mose seine Hand über das Meer aus, da kehrte das Meer bei Tagesanbruch in sein altes Bett zurück, während die Ägypter ihm gerade entgegen flohen; und der HERR stürzte die Ägypter mitten ins Meer hinein.* [28] *Denn als die Wasser zurückgeströmt waren, bedeckten sie die Wagen und die Reiter der ganzen Heeresmacht des Pharaos, die hinter ihnen her ins Meer gezogen waren, so daß auch nicht einer von ihnen am Leben blieb.*

[29] *Die Israeliten aber waren trocknen Fußes mitten durch das Meer gezogen, während die Wasser ihnen wie eine Wand zur Rechten und zur Linken standen.*

[30] *So rettete der HERR die Israeliten an diesem Tage aus der Hand der Ägypter, und Israel sah die Ägypter tot am Meeresufer liegen.* [31] *Als die Israeliten aber die große Wundertat sahen, die der HERR an den Ägyptern vollbracht hatte, da fürchtete das Volk den HERRN, und sie glaubten an den HERRN und an seinen Knecht Mose.*

Lithographie Nr. 17: Mose schreitet durch das Rote Meer (Ex 14,21)

Unbeirrt, fest ausschreitend, die Hand als Signal erhoben, den Wanderstab fest im Griff schreitet Mose durch das Unglaubliche: mitten durch das Meer geht sein Weg, den er allein dem Volk vorangeht. Die Wasser stehen als Wall um ihn und das Volk.

Gedanken zum Tag

Gewaltiges erzählt der Bericht vom Durchzug durch das Schilfmeer. In der Schilderung der Heiligen Schrift klingt sogar noch der Schauder mit, der die Israeliten erfasst, als sie gewahr werden, was das passiert ist.

Gott hat geholfen. Wer sich ihm anvertraute, wurde gerettet, auch wenn das unmöglich schien. Wer sich aber gegen Gott stellte und nicht auf ihn hörte, der fand den Untergang seiner Ideen, seiner Pläne, ja sogar seines Lebens.

Waren die Israeliten nur zur rechten Zeit am rechten Ort? Hatten die Ägypter sich militärisch verrannt? Kann es so etwas überhaupt geben, was da geschildert ist? Und am ärgsten: Ist Gott so, dass es uns das Leben kosten kann, sich gegen ihn zu wenden?

Die Heilige Schrift zeigt vor allem eines: angeleitet wird Israel von Gott selbst, der in der Wolke sichtbar herabsteigt. Für die Berufenen ist die Wolke die Gegenwart Gottes, die ihnen Licht in der weltlichen Finsternis spendet. Für diejenigen, die in ihr nur ein Wetterphänomen erblicken, führt sie zu Chaos und Verwirrung und breitet Finsternis aus. Wieder zeigt sich: es kommt auf den Menschen an, ob er Gott anerkennt und als Herrscher akzeptieren will, dann führt der ihn ins Licht der Erkenntnis und der Vernunft; oder er lehnt Gott ab, erklärt ihn aus der Welt, verschließt die Augen vor dem Herrn und kann deswegen nicht anders, als zugrunde gehen.

Nicht Gott vernichtet, es ist der Mensch, der auf die vielfachen Rufe Gottes stur nicht hören will.

Wie sehe ich denn auf Gott? Erkenne ich sein Bild im Gesicht des anderen? Begreife ich ihn aus der Herrlichkeit der Schöpfung? Ahne ich ihn in der Heiligkeit der Sakramente? Oder verschließe ich meine Augen?

Lasset uns beten!

Herr, du leitest deine Kirche als Familie all deiner Kirche durch die Zeichen der Sakramente; hilf mir das begreifen und verstehen, denn ...

Vater unser. – Herr, wie du willst. – Ehre sei dem Vater. – Gegrüßet seist du.

Dienstag der 3. Fastenwoche

Lesung aus dem Buch Exodus

15 *Moses Siegeslied* ¹ *Damals sangen Mose und die Israeliten zum Preise des HERRN folgendes Lied: Singen will ich dem HERRN, denn hocherhaben ist er; Rosse und Reiter hat er ins Meer gestürzt. ² Meine Stärke und mein Lobgesang ist der HERR, der mir Rettung geschafft hat; er ist mein Gott: ihn will ich preisen, meiner Väter Gott: ihn will ich erheben! ³ Der HERR ist ein Kriegsheld, HERR ist sein Name. ⁴ Die Wagen des Pharaos und seine Macht hat er ins Meer gestürzt, seine auserlesenen Krieger sind im Schilfmeer versunken. ⁵ Die Fluten haben sie bedeckt, wie Steine sind sie in die Tiefen gefahren.*

⁶ Deine Rechte, o HERR, ist herrlich durch Kraft; deine Rechte, o HERR, zerschmettert den Feind. ⁷ Durch die Fülle deiner Hoheit vernichtest du deine Gegner; du läßt deine Zornglut ausgehn: die verzehrt sie wie Spreu. ⁸ Durch den Hauch deiner Nase türmten die Wasser sich hoch, wie ein Wall standen die Fluten aufrecht, die Wogen erstarrten mitten im Meer. ⁹ Da dachte der Feind: »Ich will nachsetzen, einholen, will Beute verteilen, meine Gier soll sich letzen an ihnen! zücken will ich mein Schwert, meine Hand soll sie tilgen!« ¹⁰ Da bliesest du mit deinem Odem: das Meer bedeckte sie; wie Blei versanken sie in den gewaltigen Wogen.

¹¹ Wer ist dir gleich, HERR, unter den Göttern? wer ist wie du so herrlich an Majestät, furchtbar an Ruhmeswerken, ein Wundertäter? ¹² Du hast deine Rechte ausgestreckt: da verschlang sie die Erde. ¹³ Mit deiner Huld hast du das Volk geleitet, das du erlöst hast; mit deiner Kraft hast du es geführt zu deiner heiligen Wohnstatt. ¹⁴ Die Völker vernahmen's und bebten, Angst befiel die Bewohner des Philisterlandes. ¹⁵ Da erschraken die Fürsten von Edom, Zittern ergriff die Häuptlinge Moabs, die Bewohner Kanaans verzagten alle; ¹⁶ Entsetzen und Angst überfiel sie; ob der Kraft deines Armes wurden sie starr wie ein Stein, bis dein Volk hindurchzog, HERR, bis das Volk hindurchzog, das du erworben. ¹⁷ Du brachtest sie hinein und pflanztest sie ein auf den Berg deines Eigentums, an die Stätte, die du, HERR, zur Wohnung dir bereitet, in das Heiligtum, Herr, das deine Hände gegründet. [18] Der HERR ist König immer und ewig!

[19] *Als nämlich die Rosse des Pharaos mit seinen Wagen und Reitern ins Meer gekommen waren, hatte der HERR die Fluten des Meeres über sie zurückströmen lassen, während die Israeliten trocknen Fußes mitten durchs Meer gezogen waren.*

[20] *Darauf nahm die Prophetin Mirjam, Aarons Schwester, die Handpauke zur Hand, und alle Frauen zogen mit Handpauken und im Reigenschritt tanzend hinter ihr her. [21] Und Mirjam sang den Männern als Antwort zu: Singet dem HERRN! Denn hocherhaben ist er; Rosse und Reiter hat er ins Meer gestürzt!*

Lithographie Nr. 18: Mose singt das Siegeslied (Ex 15,1)

Der unbeschwert lachende Mose tanzt froh am Meer und singt Gott beschwingt sein Lied. Die Konturen sind weich gezeichnet, überschwänglich wie der Gesang, den Mose anstimmt.

Gedanken zum Tag

Moses Reaktion auf die Errettung ist ein Lied. Mit einem großen Lobgesang preist er die Größe und die Güte Gottes, der das Volk Israel wider alles Erwarten durch das Meer hindurchgeführt hat. Aus Dankbarkeit wird Frohsinn, der das Herz leicht macht und singen lässt. Nicht einfach nur mit einer Dankesrede, nein, mit einem ganz neuen Lied drückt sich aus, welche Freude es macht, sich in der Hand Gottes zu wissen.

Lasset uns beten!

Herr, ich darf dankbar sein für so Vieles …

Dir verdanke ich alles, und das macht mich froh, besonders wenn ich denke, dass …

Vater unser. – Herr, wie du willst. – Ehre sei dem Vater. – Gegrüßet seist du.

Mittwoch der 3. Fastenwoche

Lesung aus dem Buch Exodus

15

Das bittere Wasser wird süß ²² *Hierauf ließ Mose die Israeliten vom Schilfmeer aufbrechen, und sie zogen weiter in die Wüste Sur hinein; drei Tage lang wanderten sie in der Wüste, ohne Wasser zu finden.* ²³ *Als sie dann nach Mara kamen, konnten sie das Wasser dort nicht trinken, weil es bitter war; daher hieß der Ort Mara[L]. ²⁴ Da murrte das Volk gegen Mose und sagte: »Was sollen wir trinken?«*

²⁵ *Da flehte er laut zum HERRN, und der HERR zeigte ihm ein Holz; als Mose dieses in das Wasser geworfen hatte, wurde das Wasser süß. Dort gab er [der HERR] dem Volk Gesetze und Verordnungen und stellte es dort auf die Probe,* ²⁶ *indem er sagte: »Wenn du auf die Weisungen des HERRN, deines Gottes, willig hörst und das tust, was ihm wohlgefällt, wenn du seinen Befehlen gehorchst und alle seine Gebote beobachtest, so will ich von allen Heimsuchungen, die ich über die Ägypter verhängt habe, keine über dich kommen lassen; denn ich, der HERR, bin dein Arzt.«*

²⁷ *Hierauf kamen sie nach Elim; dort waren zwölf Wasserquellen und siebzig Palmbäume; und sie lagerten dort am Wasser.*

Lithographie Nr. 19: Mose macht das bittere Wasser süß (Ex 15,24f.)

Mose hebt beschwörend die Hand und schaut ernst auf das mürrisch-durstige Volk.

[L] hebr. Bitterkeit.

Gedanken zum Tag

Zurück im Alltag und in der Herausforderung des Lebens kommt eine bittere Zeit auf Israel zu. Bitterkeit ist kein guter Geschmack. Bitter ist auch unser Leben oft. Doch wir übersehen gerne: manchmal reicht nur ein kleines bisschen, um das Bittere zu überwinden und dahinter wieder die Süße des Lebens zu entdecken.

Wo Bitterkeit regiert, da sind wir gerufen, weiterzuziehen. Nicht Bitterkeit soll unser Leben bestimmen, sondern Freude. Wo wir diese im Kreis von Freunden, Familie, Geliebten finden, da entdecken auch wir eine Oase mitten in der Wüste des Lebens. Wer uns das Bittere vergessen lässt, bei dem sollten wir lagern.

Lasset uns beten!

Herr, wo immer das Leben für mich zur Bitterkeit wird, da ...

Vater unser. – Herr, wie du willst. – Ehre sei dem Vater. – Gegrüßet seist du.

Donnerstag der 3. Fastenwoche

Lesung aus dem Buch Exodus

16 *Das Murren des Volkes, die Wachteln und das Manna* [1] *Dann brachen sie von Elim auf, und die ganze Gemeinde der Israeliten gelangte in die Wüste Sin, die zwischen Elim und dem Sinai liegt, am fünfzehnten Tage des zweiten Monats nach ihrem Auszug aus dem Lande Ägypten.* [2] *Da murrte die ganze Gemeinde der Israeliten gegen Mose und Aaron in der Wüste;* [3] *und die Israeliten sagten zu ihnen: »Wären wir doch durch die Hand des HERRN in Ägypten gestorben, als wir bei den Fleischtöpfen saßen und reichlich Brot zu essen hatten! Jetzt habt ihr uns in diese Wüste hinausgeführt, um diese ganze Volksgemeinde Hungers sterben zu lassen!«*

[4] *Da sagte der HERR zu Mose: »Gut! Ich will euch Brot vom Himmel regnen lassen; das Volk braucht dann nur hinauszugehen und sich seinen täglichen Bedarf Tag für Tag zu sammeln; damit will ich es auf die Probe stellen, ob es nach meinen Weisungen wandeln will oder nicht.* [5] *Wenn sie aber am sechsten Tage das, was sie heimgebracht haben, zubereiten, so wird es das Doppelte von dem sein, was sie sonst tagtäglich gesammelt haben.«*

[6] *Da sagten Mose und Aaron zu allen Israeliten: »Heute abend werdet ihr erkennen, daß der HERR es gewesen ist, der euch aus Ägypten weggeführt hat;* [7] *und morgen früh, da werdet ihr die Herrlichkeit des HERRN zu sehen bekommen! Denn er hat gehört, wie ihr gegen ihn gemurrt habt; wir dagegen – was sind wir, daß ihr gegen uns murren könntet?«* [8] *Dann fuhr Mose fort: »Ja, daran werdet ihr (die Herrlichkeit des HERRN) erkennen, daß der HERR euch heute abend Fleisch zu essen gibt und morgen früh Brot zum Sattwerden, weil der HERR gehört hat, wie ihr gegen ihn laut gemurrt habt. Denn was sind wir? Euer Murren ist nicht gegen uns gerichtet, sondern gegen den HERRN.«* [9] *Hierauf sagte Mose zu Aaron: »Befiehl der ganzen Gemeinde der Israeliten: ›Tretet heran vor den HERRN; denn er hat euer Murren gehört!‹«*

[10] *Als dann Aaron dies der ganzen Gemeinde der Israeliten mitgeteilt hatte und sie sich nach der Wüste hin gewandt hatten, da erschien plötzlich die Herrlichkeit des HERRN in der Wolke.* [11] *Darauf sagte der HERR zu Mose:* [12] *»Ich habe das Murren der Israeliten gehört; mache ihnen folgendes bekannt: ›Gegen Abend (genauer: zwischen den beiden Abenden; vgl. 12,6) sollt ihr Fleisch zu essen bekommen und morgen früh euch an Brot satt essen und sollt erkennen, daß ich, der HERR, euer Gott bin.«*

[13] *Und wirklich: am Abend kamen Wachteln herangezogen und bedeckten das Lager; und am anderen Morgen lag eine Tauschicht rings um das Lager her;* [14] *und als die Tauschicht vergangen war, da lag überall auf der Wüstenfläche etwas Feines, Körniges, fein wie der Reif auf der Erde.* [15] *Als das die Israeliten sahen, fragten sie einer den andern: »Was ist das?«; denn sie wußten nicht, was es war. Da sagte Mose zu ihnen: »Dies ist das Brot, das der HERR euch zum Essen gegeben hat.«* [16] *»Folgendes ist es, was der HERR euch gebietet: ›Sammelt euch davon, jeder soviel er für sich zum Essen nötig hat, je einen Gomer für den Kopf; nach der Zahl der Seelen, die jeder in seinem Zelt hat, sollt ihr euch holen.«*

[17] *Da taten die Israeliten so und sammelten, der eine viel, der andere wenig;* [18] *als sie es dann aber mit dem Gomer maßen, da hatte der, welcher viel gesammelt hatte, keinen Überschuß, und wer wenig gesammelt hatte, dem mangelte nichts: jeder hatte so viel gesammelt, als er zu seiner Nahrung bedurfte.* [19] *Hierauf befahl ihnen Mose: »Niemand hebe etwas davon bis zum anderen Morgen auf!«* [20] *Aber sie hörten nicht auf Mose, sondern manche hoben etwas davon bis zum anderen Morgen auf; aber da waren Würmer darin gewachsen, und es roch übel; Mose aber wurde zornig über sie.*

[21] *So sammelten sie es denn alle Morgen, ein jeder nach seinem Bedarf; sobald aber die Sonne heiß schien, zerschmolz es.* [22] *Am sechsten Tage aber hatten sie doppelt so viel Brot gesammelt, zwei Gomer für jede Person. Da kamen alle Vorsteher der Gemeinde und berichteten es dem Mose.* [23] *Dieser antwortete ihnen: »Folgendes ist es, was der HERR geboten hat: ›Ein Ruhetag, ein dem HERRN heiliger Feiertag (Sabbat) ist morgen!‹ Was ihr backen wollt, das backt, und was ihr kochen wollt, das kocht; alles aber, was*

übrigbleibt, legt beiseite und hebt es euch für morgen auf!« [24] Da hoben sie es bis zum folgenden Morgen auf, wie Mose angeordnet hatte, und diesmal wurde es nicht übelriechend, und auch kein Wurm war darin. [25] Da sagte Mose: »Eßt es heute! Denn heute ist Sabbatfeier für den HERRN: heute werdet ihr auf dem Felde nichts finden. [26] Sechs Tage sollt ihr es sammeln; aber am siebten Tage ist Sabbat, an diesem gibt es keins.« [27] Als trotzdem am siebten Tage einige vom Volk hinausgingen, um zu sammeln, fanden sie nichts.

[28] Da sagte der HERR zu Mose: »Wie lange wollt ihr euch noch weigern, meine Gebote und Weisungen zu befolgen? [29] Seht doch! Weil der HERR euch den Sabbat eingesetzt hat, darum gibt er euch am sechsten Tage Brot für zwei Tage. Bleibt also alle daheim: niemand verlasse am siebten Tage seine Wohnung!« [30] So ruhte denn das Volk am siebten Tage.

Nähere Angaben über das Manna [31] Die Israeliten nannten es aber Manna; es sah weißlich aus wie Koriandersamen und schmeckte wie Honigkuchen. [32] Hierauf sagte Mose: »Folgendes hat der HERR geboten: ›Ein Gomer voll soll davon für eure künftigen Geschlechter aufbewahrt werden, damit sie das Brot sehen, mit dem ich euch in der Wüste gespeist habe, als ich euch aus dem Lande Ägypten wegführte.‹« [33] Da befahl Mose dem Aaron: »Nimm einen Krug, tu einen Gomer Manna hinein und stelle ihn hin vor den HERRN zur Aufbewahrung für eure künftigen Geschlechter!« [34] Nach dem Befehl, den der HERR dem Mose gegeben hatte, stellte Aaron (den Krug später) vor die Gesetzestafeln in der Bundeslade zur Aufbewahrung. [35] Die Israeliten haben aber das Manna vierzig Jahre lang gegessen, bis sie in bewohntes Land kamen; sie haben das Manna gegessen, bis sie an die Grenze des Landes Kanaan kamen. [36] Ein Gomer aber ist der zehnte Teil eines Epha.

Lithographie Nr. 20: Mose durchschaut das murrende Volk (Ex 16,7)

Mose überblickt mit klugem, wachem Auge die Szene des Volkes ringsum, das mit dem Finger auf ihn zeigt und ihn beschimpft.

Gedanken zum Tag

Wenn es einmal nicht so läuft, wie wir es uns vorstellen, dann sind wir schnell mit Kritik zur Hand. Alles, was uns begegnet, meint man, könnte besser sein, wenn es nur nach unserem eigenen Willen ginge. Der Kritik folgt auch oft das Gerede über andere, die Schuld sind daran, dass es nicht so läuft, wie wir es uns vorstellen. Die Heilige Schrift nennt das „Murren" – ein Geschimpfe und Gerede, das sich nicht traut, deutlich in die Öffentlichkeit zu treten, weil es eben an konstruktiver Kritik fehlt.

In der Tat kann das Volk Israel die Situation in der Wüste nicht verarbeiten oder verkraften. Sie geben Mose die Schuld daran, dass es eben unkomfortabel ist, in Freiheit nach der Zukunft schauen zu müssen. Stattdessen meinen sie, es sei besser, sich als Sklave um nichts kümmern zu müssen und dafür einfach von Fremden ernährt zu werden.

Ist das nicht ein Bild für unsere Zeit, in der wir oft der Versuchung erliegen, andere für uns handeln zu lassen, damit wir selbst es möglichst bequem und sicher haben? Fehlen nicht auch uns oft Phantasie und Ehrgeiz, unser Leben selbst in die Hand zu nehmen und damit eben auch das Risiko zu tragen, dass unsere Entscheidungen auch nicht immer so gut sind wie die, denen wir uns anvertraut haben?

Gott sieht auf die Bedürfnisse der Israeliten. Er versorgt sie wunderbar mit dem Manna des Himmels. Und es ist genau so viel da, wie jeder braucht. Für jeden ist gesorgt, Niemandem fehlt etwas. Keiner schwelgt im Luxus, aber es braucht auch keiner zu hungern. Was sollte also das Murren?

Worüber auch immer wir selbst mit unserem Leben hadern: Geben wir anderen die Schuld daran? Habe ich genug Vertrauen in Gott, dass er weiß, was mir wirklich fehlt? Nehme ich mein Leben selbstbestimmt in die Hand und wage das Risiko oder will ich nach der Anweisung anderer einfach so vor mich hinvegetieren?

Lasset uns beten!

Herr, das Leben ist riskant, aber schön, wenn ich es mit deiner Hilfe selbst gestalten kann. Hilf mir mich nicht zu beschweren, lass mich nicht die Verantwortung für mein Leben auf andere schieben, sondern ...

Vater unser. – Herr, wie du willst. – Ehre sei dem Vater. – Gegrüßet seist du.

Freitag der 3. Fastenwoche

Lesung aus dem Buch Exodus

17
Das Wasser aus dem Felsen [1] *Hierauf zog die ganze Gemeinde der Israeliten nach dem Befehl des HERRN aus der Wüste Sin weiter, einen Tagemarsch nach dem andern, und lagerte in Rephidim, wo es aber kein Trinkwasser für das Volk gab.* [2] *Da haderte das Volk mit Mose und rief: »Gebt uns Wasser zum Trinken!« Aber Mose antwortete ihnen: »Was hadert ihr mit mir? Was versucht ihr den HERRN?«* [3] *Weil aber das Volk dort infolge des Wassermangels Durst litt, murrte es gegen Mose und sagte: »Warum hast du uns nur aus Ägypten hergeführt? Etwa um mich und meine Kinder und mein Vieh hier verdursten zu lassen?«* [4] *Da betete Mose laut zum HERRN mit den Worten: »Was soll ich mit diesem Volk machen? Es fehlt nicht viel, so steinigen sie mich!«* [5] *Da antwortete der HERR dem Mose: »Tritt an die Spitze des Volkes und nimm einige von den Ältesten der Israeliten mit dir! Auch deinen Stab, mit dem du den Nil geschlagen hast, nimm in die Hand und gehe!* [6] *Dann will ich dort vor dich auf den Felsen am Horeb treten, und wenn du dann an den Felsen geschlagen hast, wird Wasser aus ihm hervorfließen, so daß das Volk zu trinken hat.« Mose tat so vor den Augen der Ältesten Israels.* [7] *Darauf nannte er den Ort Massa*[M] *und Meriba*[N]*, weil die Israeliten dort gehadert und den HERRN geprüft (oder versucht) hatten, indem sie sagten: »Ist der HERR in unserer Mitte oder nicht?«*

Lithographie Nr. 21: Mose schlägt das Wasser aus dem Felsen (Ex 17,6)

In breitem Strahl entspringt das Wasser dem Felsen, auf den Mose gerade eben mit dem nun gesenkten Stab geschlagen hat. Er tritt, das Gewand raffend, einen Schritt zurück. Der neben ihm stehende Älteste fasst sich an die Augen: kann das wahr sein?

[M] hebr. Prüfung
[N] hebr. Streit

Gedanken zum Tag

An Auseinandersetzungen wachsen wir, vernünftige Diskussion und konstruktiver Diskurs helfen uns weiter. Streitlust hingegen zerstört Vertrauen und lässt keinen Kompromiss zu. Wer nur noch auf Probleme und Unstimmigkeiten blickt, macht dem anderen nur noch Vorwürfe, sucht die Schuld bei ihm – und vergisst Gott und seine Zusage total.

In der Wüste muss Gott erneut eingreifen: Der Schlag auf den toten Felsen lässt lebensspendendes Wasser hervorquellen.

Welches tote Gestein versperrt mir den Zugang zur geistigen Quelle?

Lasset uns beten!

Herr, oft sehe ich die Dinge anders, als meine Mitmenschen und könnte ...

Du aber kannst mir helfen, dass ...

Vater unser. – Herr, wie du willst. – Ehre sei dem Vater. – Gegrüßet seist du.

Samstag der 3. Fastenwoche

Lesung aus dem Buch Exodus

17

Der Sieg über Amalek [8] *Als darauf die Amalekiter heranrückten, um mit den Israeliten bei Rephidim zu kämpfen,* [9] *befahl Mose dem Josua: »Wähle uns Männer aus und ziehe zum Kampf mit den Amalekitern aus! Morgen will ich mich mit dem Gottesstabe in der Hand auf die Spitze des Hügels stellen.«*

[10] *Josua tat, wie Mose ihm befohlen hatte, (und zog aus,) um mit den Amalekitern zu kämpfen, während Mose, Aaron und Hur auf die Spitze des Hügels stiegen.* [11] *Solange nun Mose seinen Arm hochhielt, hatten die Israeliten die Oberhand; sobald er aber seinen Arm ruhen ließ, waren die Amalekiter siegreich.* [12] *Als nun schließlich die Arme Moses erlahmten, nahmen sie einen Stein und legten den unter ihn, und er setzte sich darauf; dann stützten Aaron und Hur seine Arme, der eine auf dieser, der andere auf jener Seite; so blieben seine Arme fest bis zum Sonnenuntergang,* [13] *so daß Josua die Amalekiter und ihr Kriegsvolk mit der Schärfe des Schwertes niederhieb.*

[14] *Da sagte der HERR zu Mose: »Schreibe dies zu dauernder Erinnerung in ein Buch und schärfe es dem Josua ein, daß ich das Andenken an die Amalekiter unter dem Himmel ganz und gar austilgen werde!«* [15] *Darauf baute Mose einen Altar und nannte ihn ›der HERR ist mein Banner‹;* [16] *»denn«, sagte er, »die Hand an das Banner des HERRN! Krieg führt der HERR mit den Amalekitern von Geschlecht zu Geschlecht!«*

Lithographie Nr. 22: Mose im Gebet von Aaron und Hur gestützt

Aaron und Hur stützen Moses Arme. Im priesterlichen Gestus steht er in der Mitte, die Augen fest und ebenso ernst wie seine Begleiter auf das Geschehen am Fuß des Hügels gerichtet.

Gedanken zum Tag

Mose wird von Gott in Dienst genommen. Für die Herausforderung, gegen andere zu bestehen, braucht es nicht nur Geduld, sondern zähe, kraftraubende Ausdauer. Als priesterliche Aufgabe verstanden, wird das Gebet des Mose zur Anstrengung, von der das Wohl und Wege des Volkes Israel abhängt. Nur die stetige Verbindung zu Gott schenkt am Ende den Sieg. Und daher reicht es nicht, dass nur einer stellvertretend für alle betet, er braucht Unterstützung und Halt in der Gemeinschaft aller.

Wo kann ich die Kirche unterstützen, die Tag und Nacht im Gebet vor Gott steht und für das Heil der ganzen Welt bittet? Wo kann ich ihr tragen helfen, was sie für mich vor Gott trägt oder erträgt?

Lasset uns beten!

Herr, meine inneren Kämpfe kann ich nicht allein gewinnen; hilf mir zu sehen, wie die Kirche für mich da ist und öffne meine Augen darauf, wie ich ihr helfen kann, wenn ...

Vater unser. – Herr, wie du willst. – Ehre sei dem Vater. – Gegrüßet seist du.

4. Fastensonntag – Laetare

Lesung aus dem Buch Jesaja

Laetare, Jerusalem: et conventum facite omnes qui diligitis eam: gaudete cum laetitia, qui in tristitia fuistis: ut exsultetis, et satiemini ab uberibus consolationis vestrae. – Laetatus sum in his quae dicta sunt mihi: in domum Domini ibimus.

66 *[10] Freue dich, Stadt Jerusalem! Seid fröhlich zusammen mit ihr, alle, die ihr traurig wart. [11] Freut euch und trinkt euch satt an der Quelle göttlicher Tröstung. – [Ps 122,1] Ich freute mich, als man mir sagte: Zum Haus des Herrn wollen wir pilgern.*

Gedanken zum Tag

Vierter Pausentag: Halbzeit! Der Weg der Pilgerschaft durch die Wüste ist halb geschafft. Die Beschwernisse der Reise verblassen heute im Jubelruf des Jesaja, der seinem Volk voraussagt: alles wird gut, denn Freude und Trost sind euch am Ziel eurer Reise gewiss.

Das macht Mut für den weiteren Weg, dass wir wissen: am Ziel winkt uns Ruhe und Fröhlichkeit. Genauso wie sich das Volk Israel immer und immer wieder daran erinnern muss, wozu und wohin es unterwegs ist, so müssen auch wir immer mehr zu einer Gemeinschaft werden, die als Kirche die Zukunft im Blick hat und aus dem Blick nach vorne – nicht nach hinten – die Gegenwart gestaltet.

Genauso ist Jesus in die Welt eingetreten. Er öffnet durch seine Predigt und seine Wunder den Blick darauf, dass Gott mit uns Großes vorhat und uns das Geschenk seiner unendlichen Liebe vermachen will. Wer ihm glaubt, dem ist der Weg nicht mehr schwer, denn er weiß, dass Leben gelingt, wenn man auf Jesus hört. Wer in ihm Gott selbst erkennt, sieht auch in ihm das Vorbild zum gelingenden Leben im Heute. Denn er selbst hat uns eine Zukunft eröffnet, die Leid und Tod nicht ausblendet, als seien sie keine

Realität, sondern zeigt, dass durch sie hindurch ein Weg gegeben ist, der echte Zukunft verheißt: Leben in seiner Gemeinschaft.

Kann ich mich über diese Zusage eines Lebens in Glück und Frieden bei ihm freuen? Wie gehe ich darauf zu?

Lasset uns beten!

Herr, ...

Herr, unser Gott, du hast in deinem Sohn die Menschheit auf wunderbare Weise mit dir versöhnt. Gib deinem Volk einen hochherzigen Glauben, damit es mit froher Hingabe dem Osterfest entgegeneilt. Darum bitten wir durch Jesus Christus, unseren Herrn. Amen.

Vater unser. – Herr, wie du willst. – Ehre sei dem Vater. – Gegrüßet seist du.

Glasfenster in der Apsis von St. Ägidius in Tübingen-Hirschau:
Geburt Jesu, Dreifaltigkeit Gottes und Leben Mariens

Wir begegnen dem Lebensweg Jesu in Szenen seiner Offenbarwerdung. Links die Weihnachtsgeschichte, rechts das Leben Mariens mit Jesus, in der Mitte die Dreifaltigkeit. Nach und nach lässt Jesus erkennen, wer er ist: Der Gott-mit-uns, der Ich-bin-da mitten in seiner eigenen Schöpfung, die an Zeichen und Wundern seine Herrlichkeit erkennen kann.

Montag der 4. Fastenwoche

Lesung aus dem Buch Exodus

18
Ratschläge des Jitro zur Rechtsprechung [1] *Jethro aber, der Priester der Midianiter, der Schwiegervater Moses, hatte alles erfahren, was Gott an Mose und an seinem Volke Israel getan hatte, daß der HERR nämlich die Israeliten aus Ägypten weggeführt hatte.* [2] *Da nahm Jethro, der Schwiegervater Moses, Zippora, Moses Frau, die dieser zurückgesandt hatte,* [3] *samt ihren beiden Söhnen, von denen der eine Gersom hieß, weil Mose gesagt hatte: »Ein Gast bin ich in einem fremden Lande geworden«,* 4*während der andere Elieser hieß, denn »der Gott meines Vaters ist meine Hilfe gewesen und hat mich vor dem Schwert des Pharaos errettet« –*

[5] *Jethro also, der Schwiegervater Moses, kam mit den Söhnen Moses und dessen Frau zu Mose in die Wüste, wo jener sich am Berge Gottes gelagert hatte,* [6] *und ließ dem Mose sagen: »Ich, dein Schwiegervater Jethro, komme zu dir mit deiner Frau und ihren beiden Söhnen, die bei ihr sind.«* [7] *Da ging Mose seinem Schwiegervater entgegen, verneigte sich vor ihm, und (jener) küßte ihn; nachdem sie dann einander begrüßt hatten, traten sie in das Zelt ein.* [8] *Hierauf erzählte Mose seinem Schwiegervater alles, was der HERR am Pharao und an den Ägyptern um der Israeliten willen getan hatte, und alle die Leiden, die ihnen unterwegs zugestoßen waren, und wie der HERR sie errettet hatte.* [9] *Da freute sich Jethro über alles Gute, das der HERR den Israeliten erwiesen hatte, indem er sie aus der Gewalt der Ägypter errettete.* [10] *Und Jethro rief aus: »Gepriesen sei der HERR, der euch aus der Gewalt der Ägypter und aus der Gewalt des Pharaos errettet und der das Volk aus der Gewaltherrschaft der Ägypter befreit hat!* [11] *Nun erkenne ich, daß der HERR größer ist als alle Götter; er hat es bewiesen, als (jene) sich übermütig gegen sie benahmen.«* [12] *Darauf ließ Jethro, Moses Schwiegervater, Tiere zu einem Brand- und Schlachtopfer für Gott herbeibringen, und Aaron nebst allen Ältesten der Israeliten kam herbei, um mit dem Schwiegervater Moses das Opfermahl vor Gott zu halten.*

[13] Am folgenden Tage aber hielt Mose eine Gerichtssitzung ab, um dem Volke Recht zu sprechen; und das Volk stand vor Mose vom Morgen bis zum Abend. [14] Als nun der Schwiegervater Moses sah, was er alles mit dem Volk zu tun hatte, sagte er: »Was machst du dir da mit dem Volk so viel zu schaffen? Warum sitzest du allein zu Gericht, während das ganze Volk vom Morgen bis zum Abend vor dir steht?« [15] Mose antwortete seinem Schwiegervater: »Ja, das Volk kommt zu mir, um Gott zu befragen; [16] sooft sie einen Rechtshandel haben, kommen sie zu mir, damit ich Schiedsrichter zwischen den Parteien sei und ihnen Gottes Rechtssprüche und Entscheidungen kundtue.« [17] Da sagte sein Schwiegervater zu ihm: »Dein Verfahren ist nicht zweckmäßig; [18] dabei mußt du selbst und ebenso auch diese Leute, die bei dir stehen, ganz erschöpft werden; denn die Sache ist zu schwer für dich, und du allein kannst sie nicht durchführen. [19] Nun höre mich an: ich will dir einen Rat geben, und Gott möge mit dir sein! Sei du der Vertreter des Volkes Gott gegenüber und bringe du ihre Anliegen vor Gott! [20] Mache ihnen daneben die Rechtssprüche und Entscheidungen klar und gib ihnen den Weg an, den sie innezuhalten haben, und das Verfahren, das sie beobachten müssen. [21] Zugleich sieh dich aber unter dem ganzen Volke nach tüchtigen, gottesfürchtigen und zuverlässigen Männern um, die keiner Bestechung zugänglich sind, und setze diese als Obmänner über sie, die einen über tausend, andere über hundert, andere über fünfzig und andere über zehn, [22] damit sie dem Volke jederzeit Recht sprechen, und zwar so, daß sie alle wichtigen Sachen vor dich bringen, alle geringfügigen Sachen aber selbst entscheiden! Auf diese Weise verschaffe dir Erleichterung und laß sie die Last mit dir tragen! [23] Wenn du es so machst und Gott es dir gestattet, so wirst du dabei bestehen können, und auch alle diese Leute werden befriedigt nach Hause zurückkehren.«

[24] Mose befolgte den Rat seines Schwiegervaters und tat alles, was er ihm vorgeschlagen hatte: [25] er wählte tüchtige Männer aus allen Israeliten aus und setzte sie zu Obmännern über das Volk ein, die einen über tausend, andere über hundert, andere über fünfzig und über zehn. [26] Diese hatten dem Volk zu jeder Zeit Recht zu sprechen: die schwierigen Sachen legten sie dem

Mose vor, aber alle geringfügigen Sachen entschieden sie selbst. [27] Hierauf ließ Mose seinen Schwiegervater ziehen, und dieser kehrte in sein Land zurück.

Lithographie Nr. 23: Mose spricht Recht und wird von seinem Schwiegervater Jethro beraten

Sitzend wie auf einem Lehrstuhl erwägt Mose nachdenklich Recht und Gerechtigkeit. Jethro berät ihn, ohne ihn bloßzustellen, indem er ihm ins Ohr flüstert. Der Älteste hinter Mose steht ihm zur Seite, zum Richteramt bereit, indem er ebenfalls mit nachdenklich geneigtem Haupt die vorgetragenen Sachverhalte bedenkt.

Gedanken zum Tag

Recht und Gerechtigkeit fordern heraus. Derjenige, der das Recht anwenden und für Gerechtigkeit sorgen muss, kann leicht untergehen, wenn er nicht profunde (Lebens-) Erfahrung und Rechtskenntnis hat. Und es ist hochsinnvoll, sich dabei beraten zu lassen, um andere Perspektiven, Sichtweisen und Erfahrungen in die Gerechtigkeitsfindung einfließen zu lassen.

Moses Schwiegervater ist klug, er beobachtet genau, dass Mose es gut meint, aber sich zu viel zumutet – und dass genau darunter die Gerechtigkeit zu leiden droht. Jethro erfindet den Instanzenzug, also die Unterscheidung von Unter- und Obergerichten. Er führt damit auch Kontrolle der Justiz und eine erhöhte Objektivität ein. Und Mose hört ihm nachdenklich zu. Er ist klug genug, seinen Vorschlägen zu folgen, selbst wenn der Schwiegervater keiner aus dem Volk Israel selbst ist. Aber Jethro anerkennt den Gott Israels. Er ist also der Wahrheit auf der Spur.

Wie steht es mit meinem Zugang zur Gerechtigkeit? Ist für mich nur gerecht, was mir taugt? Oder kann ich auch andere Sichtweisen gelten lassen? Bemühe ich mich um Objektivität und versuche, durch Gerechtigkeit den Frieden zu befördern?

Lasset uns beten!

Herr, schaffe du mir Recht, wenn ... Und hilf mir gerecht zu bleiben, wenn ...

Vater unser. – Herr, wie du willst. – Ehre sei dem Vater. – Gegrüßet seist du.

Dienstag der 4. Fastenwoche

Lesung aus dem Buch Exodus

19

Offenbarung Gottes am Berg Sinai ¹ *Im dritten Monat nach dem Auszug der Israeliten aus Ägypten, an diesem Tage kamen sie in die Wüste Sinai.* ² *Sie waren nämlich von Rephidim aufgebrochen und in die Wüste Sinai gelangt und lagerten sich dort in der Wüste, und zwar dem Berg gegenüber.* ³ *Als Mose dann zu Gott hinaufstieg, rief der HERR ihm vom Berge herab die Worte zu:* »*So sollst du zum Hause Jakobs sprechen und den Kindern Israels verkündigen:* ⁴ ›*Ihr habt selbst gesehen, was ich an den Ägyptern getan und wie ich euch auf Adlersflügeln getragen und euch hierher zu mir gebracht habe.* ⁵ *Und nun, wenn ihr meinen Weisungen willig gehorcht und meinen Bund haltet, so sollt ihr aus allen Völkern mein besonderes Eigentum sein; denn mir gehört die ganze Erde;* ⁶ *ihr aber sollt mir ein Königreich von Priestern und ein heiliges Volk sein.‹ Das sind die Worte, die du den Israeliten verkünden sollst.*«

⁷ *Da ging Mose hin, berief die Ältesten des Volkes und teilte ihnen alle diese Worte mit, die der HERR ihm aufgetragen hatte.* ⁸ *Das ganze Volk aber antwortete einmütig:* »*Alles, was der HERR geboten hat, wollen wir tun!*« *Als hierauf Mose dem HERRN die Antwort des Volkes überbracht hatte,* ⁹ *sagte der HERR zu Mose:* »*Ich werde diesmal in dichtem Gewölk zu dir kommen, damit das Volk es hört, wenn ich mit dir rede, und dir für immer Glauben schenkt.*« [*Mose aber berichtete dem HERRN die Antwort des Volkes.*] ¹⁰ *Dann sagte der HERR weiter zu Mose:* »*Gehe zum Volk und laß sie sich heute und morgen heiligen und ihre Kleider waschen,* ¹¹ *damit sie übermorgen bereit sind! Denn übermorgen wird der HERR vor den Augen des ganzen Volkes auf den Berg Sinai herabfahren.* ¹² *Bestimme daher dem Volk ringsum eine Grenze und sage ihnen:* ›*Hütet euch wohl, an dem Berge emporzusteigen oder auch nur seinen Fuß zu berühren! Wer den Berg berührt, der ist des Todes!* ¹³ *Niemandes Hand darf ihn berühren, sondern ein solcher soll gesteinigt oder erschossen werden: weder ein Tier noch ein*

Mensch darf am Leben bleiben! Erst wenn das Widderhorn geblasen wird, dürfen sie am Berge emporsteigen.«

[14] Darauf stieg Mose vom Berge zum Volk hinab und ließ das Volk sich heiligen, und sie wuschen ihre Kleider; [15] auch gebot er dem Volke: »Haltet euch für übermorgen bereit: keiner nahe sich bis dahin einem Weibe!« [16] Am dritten Tage aber, als es Morgen wurde, entstand ein Donnern und Blitzen; schweres Gewölk lag auf dem Berge, und gewaltiger Posaunenschall ertönte, so daß das ganze Volk, das sich im Lager befand, zitterte. [17] Da führte Mose das Volk aus dem Lager hinaus, Gott entgegen, und sie stellten sich am Fuß des Berges auf. [18] Der Berg Sinai aber war ganz in Rauch gehüllt, weil der HERR im Feuer auf ihn herabgefahren war; Rauch stieg von ihm auf wie der Rauch von einem Schmelzofen, und der ganze Berg erbebte stark. [19] Und der Posaunenschall wurde immer stärker: Mose redete, und Gott antwortete ihm mit lauter Stimme. [20] Als nun der HERR auf den Berg Sinai, auf den Gipfel des Berges, hinabgefahren war, berief er Mose auf den Gipfel des Berges, und Mose stieg hinauf. [21] Da befahl der HERR dem Mose: »Steige hinab, warne das Volk, daß sie ja nicht zum HERRN durchbrechen, um ihn zu schauen, sonst würde eine große Zahl von ihnen ums Leben kommen! [22] Auch die Priester, die sonst dem HERRN nahen dürfen, müssen die Heiligung an sich vollziehen, damit der HERR nicht gegen sie losfährt.« [23] Da erwiderte Mose dem HERRN: »Das Volk kann ja nicht auf den Berg Sinai hinaufsteigen; denn du selbst hast uns gewarnt und mir geboten, eine Grenze um den Berg festzusetzen und ihn für unnahbar zu erklären.« [24] Doch der HERR antwortete ihm: »Steige hinab und komm dann mit Aaron wieder herauf! Die Priester aber und das Volk dürfen die festgesetzte Grenze nicht überschreiten, um zum HERRN hinaufzusteigen, damit er nicht gegen sie losfährt.« [25] Da stieg Mose zum Volk hinab und kündigte es ihnen an.

Lithographie Nr. 24: Mose steigt auf den Berg (Ex 19,3 u. 12)

Mose lässt die Israeliten am Fuß des Berges zurück. Er weist sie in den Abstand, um sie nicht in Gefahr zu bringen. Diesen Weg muss er alleine steil aufwärts gehen, in die Ungewissheit der Wolke am Gipfel über ihm.

Gedanken zum Tag

Trotz Ärger und Hader, trotz Ungewissheit und Untreue ist dieses Volk doch dasjenige, das den Herrn als den einen und einzigen Gott erkannt hat. Sie können aufgrund ihrer Erfahrung mit diesem Gott die Zeugen seiner Macht und Herrlichkeit, seiner Hilfe und seines Schutzes sein. Aber Gott erwartet noch mehr: das ganze Volk soll heilig sein. Heiligkeit bedeutet, zu Gott zu gehören und bei ihm bleiben zu dürfen. Dazu will er mit dem Volk einen heiligen Bund schließen. Nichts soll Gott und sein auserwähltes Volk mehr trennen können. Trotz der unendlichen Entfernung zwischen Gott und den Menschen, die nie ganz aufgehoben werden wird, denn Gott ist nun einmal immer unendlich größer und ganz anders als wir Menschen. Die Distanz zu ihm mindert allein er. Gott beruft denjenigen in seine Nähe, den er dort haben will. Mose muss darum die anderen Israeliten auf Abstand halten. Zunächst allein und dann nur in der Begleitung des Aaron wagt er sich in das undurchsichtige Gewölk auf dem Berg Sinai, um Gott zu begegnen.

Wenn ich das Geheimnis Gottes bedenke, ist mir dann immer bewusst, dass ich die Grenze zwischen ihm und mir nie aufheben kann? Kann ich mir eingestehen, dass ein Gott, der nur so ist, wie ich mir das vorstelle, gar kein Gott ist, sondern meine persönliche Götzenschöpfung? Vertraue ich ihm, dass er immer im Letzten unbekannt bleiben wird, aber mir in Jesus doch zeigt, wie er ist? Kann ich ohne Neid sondern mit Dank auf andere schauen, die Gott scheinbar näher gekommen sind, als ich das bislang geschafft habe? Glaube ich, dass Gott auch mich bei sich haben will zur rechten Zeit und am für mich besten Ort? Wenn Gott mich ruft, traue ich mich dann hinein ins Ungewisse?

Lasset uns beten!

Herr, ich kann dich nur als Geheimnis aus der Ferne wahrnehmen, aber ich warte voll Vertrauen auf dein Wort, das mich zu dir ruft, besonders wenn ...

Vater unser. – Herr, wie du willst. – Ehre sei dem Vater. – Gegrüßet seist du.

Mittwoch der 4. Fastenwoche

Lesung aus dem Buch Exodus

20 *Die zehn Gebote* ¹ *Hierauf redete Gott alle diese Worte und sprach:* ² *»Ich bin der HERR, dein Gott°, der dich aus dem Land Ägypten hinausgeführt hat, aus dem Sklavenhaus.* ³ *Du sollst keine anderen Götter haben neben mir!*

⁴ *Du sollst dir kein Gottesbild anfertigen noch irgendein Abbild weder von dem, was oben im Himmel, noch von dem, was unten auf der Erde, noch von dem, was im Wasser unterhalb der Erde ist!* ⁵ *Du sollst dich vor ihnen nicht niederwerfen und ihnen nicht dienen! Denn ich, der HERR, dein Gott, bin ein eifersüchtiger Gott, der die Verschuldung der Väter heimsucht an den Kindern, an den Enkeln und Urenkeln bei denen, die mich hassen,* ⁶ *der aber Gnade erweist an Tausenden von Nachkommen derer, die mich lieben und meine Gebote halten.*

⁷ *Du sollst den Namen des HERRN, deines Gottes, nicht mißbrauchen! Denn der HERR wird den nicht ungestraft lassen, der seinen Namen mißbraucht.*

⁸ *Gedenke des Sabbattages, daß du ihn heilig hältst!* ⁹ *Sechs Tage sollst du arbeiten und alle deine Geschäfte verrichten!* ¹⁰ *Aber der siebte Tag ist ein Feiertag zu Ehren des HERRN, deines Gottes: da darfst du keinerlei Geschäft verrichten, weder du selbst noch dein Sohn oder deine Tochter, weder dein Knecht, noch deine Magd, noch dein Vieh, noch der Fremdling, der bei dir in deinen Ortschaften weilt!* ¹¹ *Denn in sechs Tagen hat der HERR den Himmel und die Erde geschaffen, das Meer und alles, was in ihnen ist; aber am siebten Tage hat er geruht; darum hat der HERR den Sabbattag gesegnet und ihn für heilig erklärt.*

¹² *Ehre deinen Vater und deine Mutter, damit du lange lebst in dem Lande, das der HERR, dein Gott, dir geben wird!*

¹³ *Du sollst nicht töten!*

° andere Übersetzungsmöglichkeit: „Ich, der HERR, bin dein Gott."

[14] *Du sollst nicht ehebrechen!*

[15] *Du sollst nicht stehlen!*

[16] *Du sollst kein falsches Zeugnis ablegen gegen deinen Nächsten!*

[17] *Du sollst nicht begehren deines Nächsten Haus!*

Du sollst nicht begehren deines Nächsten Weib, noch seinen Knecht, noch seine Magd, noch sein Rind, noch seinen Esel, noch irgend etwas, was deinem Nächsten gehört.«

Vermittlung durch Mose [18] *Als aber das ganze Volk die Donnerschläge und die flammenden Blitze, den Posaunenschall und den rauchenden Berg wahrnahm, da zitterten sie und blieben in der Ferne stehen* [9] *und sagten zu Mose: »Rede du mit uns, dann wollen wir zuhören; Gott aber möge nicht mit uns reden, sonst müssen wir sterben!«* [20] *Da antwortete Mose dem Volk: »Fürchtet euch nicht! Denn Gott ist nur deshalb gekommen, um euch auf die Probe zu stellen und damit die Furcht vor ihm euch gegenwärtig bleibt, auf daß ihr nicht sündigt.«* [21] *So blieb denn das Volk in der Ferne stehen; Mose aber trat an das dunkle Gewölk heran, in welchem Gott war.*

Lithographie Nr. 25: Mose schreibt die Worte JHWHs (Ex 24,4)

Mit einem Bein auf dem Boden kniend schreibt Mose Gottes Gebote auf die steinerne Gesetzestafel. Sein Blick ist ernst und konzentriert. Gleich ist er fertig, dann heißt es aufstehen und losgehen, das Wort des Herrn zu verkünden. Schon richtet er sich auf.

Gedanken zum Tag

Gott gibt Mose das Gesetz als Zeichen des Bundes, den er mit dem Volk Israel schließen will. Es geht nicht darum, die Menschen zu gängeln. Es geht darum, dem Volk, das auf der Suche nach Heimat und Glück ist, eine Perspektive zu geben. Wirklich frei wird der Mensch, wenn er begreift, dass Leben nach Gottes Gebot bedeutet, so zu leben, wie der Mensch ideal gedacht ist.

Die zehn Gebote sind daher eigentlich Regeln, welche die Freiheit und das Leben des Menschen sichern, damit er in Gemeinschaft und Freundschaft mit Gott glücklich werden kann. Sie leuchten auch als moralischer Kompass so unmittelbar ein, dass über diese zehn Gebote ein Konsens über alle Religionen und Kulturen hinweg erreicht werden kann – vorausgesetzt, der Mensch akzeptiert sich als von Gott geschaffen und von ihm getragen.

Die ersten drei Gebote haben unmittelbar mit der Beziehung des Menschen zu Gott zu tun: Gott ist der eine und einzige, neben ihm kann es nichts geben, denn ohne ihn wäre nichts. Das vor Augen zu haben heißt, alles andere, was sich zwischen Gott und den Menschen drängt, beiseitezulassen, ja dezidiert abzulehnen: keine Vergötterung von irgendetwas anderem als Gott allein darf uns prägen. Sein Bild sollen wir im Herzen tragen, denn wir sind sein Abbild. Für ihn sollen wir Pause machen vom Alltag, damit uns immer wieder neu klar wird, dass auch wir berufen sind, als heiliges Volk bei ihm leben zu dürfen. Gott steht an erster Stelle.

Die restlichen sieben Gebote sichern unser Leben in einer friedlichen und menschenwürdigen Gemeinschaft, in der alle das Recht haben, sich zu entfalten und zu entwickeln, in der keiner übervorteilt oder im Leben bedrängt wird. So gelingt Gemeinschaft des Volkes Gottes, so gelingen Familie und Politik, so gelingt Kirche.

Christus fasst diese zehn Gebote zusammen im Dreifachgebot der Liebe: Gott vor allem soll und darf ich lieben, dann meinen Nächsten genauso wie mich selbst.

Was ist für mich persönlich das erste und wichtigste Gebot? Und welches fordert mich am meisten heraus?

Lasset uns beten!

Herr, deinem Gebot will ich folgen, denn ich erkenne ...

Vater unser. – Herr, wie du willst. – Ehre sei dem Vater. – Gegrüßet seist du.

Donnerstag der 4. Fastenwoche

Lesung aus dem Buch Exodus

24 *Der Bundesschluß am Sinai* [1] Hierauf gebot Gott dem Mose: »Steige zum HERRN herauf, du nebst Aaron, Nadab und Abihu und siebzig von den Ältesten der Israeliten, und bringt von fern eure Verehrung dar. [2] Mose aber soll dann allein nahe an den HERRN herantreten; die anderen dagegen sollen nicht näher hinzutreten, und auch das Volk darf nicht mit ihm heraufsteigen.« [3] Hierauf kam Mose und teilte dem Volke alle Verordnungen des HERRN und alle Rechtssatzungen mit. Da gab das ganze Volk einstimmig die Erklärung ab: »Alle Verordnungen, die der HERR erlassen hat, wollen wir ausführen.«*

[4] Da schrieb Mose alles, was der HERR geboten hatte, nieder und baute am andern Morgen früh einen Altar am Fuß des Berges und (errichtete) zwölf Malsteine entsprechend den zwölf Stämmen Israels. [5] Dann erteilte er den jungen israelitischen Männern den Auftrag, Brandopfer(tiere) herzubringen und junge Stiere als Heilsopfer für den HERRN zu schlachten. [6] Hierauf nahm Mose die eine Hälfte des Blutes und goß es in die Opferschalen; die andere Hälfte des Blutes aber sprengte er an den Altar. [7] Hierauf nahm er das Bundesbuch und las es dem Volke laut vor; und sie erklärten: »Alles, was der HERR geboten hat, wollen wir tun und willig erfüllen.« [8] Dann nahm Mose das Blut und besprengte mit ihm das Volk, wobei er ausrief: »Dies ist das Blut des Bundes, den der HERR mit euch auf Grund aller dieser Gebote geschlossen hat!«

[9] Als hierauf Mose und Aaron, Nadab und Abihu und siebzig von den Ältesten der Israeliten hinaufgestiegen waren, [10] schauten sie den Gott Israels: (der Boden) unter seinen Füßen war wie ein Gebilde von Saphirplatten und wie der Himmel selbst an hellem Glanz. [11] Er streckte aber seine Hand nicht aus gegen die Auserwählten der Israeliten: nein, sie schauten Gott und aßen und tranken.

Lithographie Nr. 26: Mose verkündet den Bund mit JHWH (Ex 24,7)

Feierlich steht Mose vor dem Volk und verliest das Gesetz. Sein Haupt, das zwei Flammen kennzeichnen, umweht noch die Wolke vom Berg der Gottesbegegnung.

Gedanken zum Tag

Mose meißelt Gebote Gottes in Stein. Unabänderlich sollen sie sein, dabei allen klar zugänglich und verständlich. Gott lässt dem Volk die freie Entscheidung: wollen sie diese Gebote auf sich nehmen und halten, um mit Gott einen heiligen Bund zu schließen?

Das Volk ist sich einig: ja! Und es feiert Gottesdienst. Mit dem Blutopfer auf dem Altar zeigen sie: wir bringen unsere Lebensgrundlagen vor dich und setzen sie ein als Zeichen des Vertrauens. – Bei der Eucharistie wird Jesus dieses Zeichen umdrehen und damit vollkommen machen. Nicht mehr fremdes Blut ist nötig, um sich mit Gott zu verbinden. Jesus, der menschgewordene Gottessohn, setzt auf dem Altar des Kreuzes sein eigenes Blut als Opfer ein, um alle Menschen an sich zu ziehen.

So vereint mit Gott dürfen sich nun auch die Ältesten Gott nahen. Die Herrlichkeit und der Glanz, die bisher nur Mose vermittelt hat, wird ihnen nun selbst gezeigt. Ausdrücklich heißt es, dass sie Gott schauen und bei ihm Gastmahl halten durften. – Das Versprechen Jesu, dass alle, die an ihn glauben, zum Gastmahl des ewigen Lebens gerufen sind, wird hier vorausgezeichnet. Das Volk Israel zur Zeit des Mose kann noch nicht wissen, dass der heilige Bund, den sie hier mit dem Allmächtigen schließen, einmal von ihm selbst bestätigt, erneuert und verherrlicht wird – in seinem Sohn Jesus Christus.

Ist mir klar, dass jedes Mal, wenn ich die Wandlung miterlebe, Gott selbst es ist, der sich auch für mich hingibt und seinen Bund mit mir neu schließen will?

Wie gehe ich damit um, dass ich in den gewandelten Gaben von Brot und Wein auf dem Altar wirklich Christi Leib und Blut, d.h. Gott selbst unter uns wissen darf und mich ihm ohne Angst nahen kann?

Wie steht es mit meiner Ehrfurcht, dem Allerhöchsten gegenüber zu knien und ihm von Angesicht zu Angesicht in meinem Leben zu begegnen?

Bin ich bei jeder heiligen Kommunion wirklich bereit, ihn rein und mit freiem Herzen zu empfangen, wenn ich Mahl halten darf mit ihm und von ihm gestärkt werde für mein weiteres Leben?

Lasset uns beten!

Herr, Du willst auch mir das ewige Heil zeigen, denn auch mit mir hast du in der Taufe einen ewigen Bund geschlossen. Hilf mir dabei, dich zu verstehen, indem ...

Vater unser. – Herr, wie du willst. – Ehre sei dem Vater. – Gegrüßet seist du.

Freitag der 4. Fastenwoche

Lesung aus dem Buch Exodus

24 *¹² Hierauf gebot der HERR dem Mose: »Steige zu mir auf den Berg herauf und verweile dort, damit ich dir die Steintafeln mit dem Gesetz und den Geboten gebe, die ich zu ihrer Unterweisung aufgeschrieben habe.« ¹³ Da machte sich Mose mit seinem Diener Josua auf den Weg und stieg auf den Berg Gottes hinauf. ¹⁴ Zu den Ältesten aber hatte er gesagt: »Wartet hier auf uns, bis wir zu euch zurückkehren. Aaron und Hur sind ja bei euch: wer irgendeinen Rechtshandel hat, wende sich an sie.« ¹⁵ Als Mose dann auf den Berg gestiegen war, verhüllte Gewölk den Berg, ¹⁶ und die Herrlichkeit des HERRN ließ sich auf den Berg Sinai nieder, und das Gewölk verhüllte den Berg sechs Tage lang; erst am siebten Tage rief er dem Mose aus dem Gewölk heraus zu. ¹⁷ Die Herrlichkeit des HERRN zeigte sich aber vor den Augen der Israeliten wie ein verzehrendes Feuer auf der Spitze des Berges. ¹⁸ Da begab sich Mose mitten in das Gewölk hinein und stieg auf den Berg hinauf. Und Mose verweilte auf dem Berge vierzig Tage und vierzig Nächte.*

25 *Anweisungen für die Wohnung Gottes unter den Menschen ¹ Der HERR sprach dann zu Mose folgendermaßen: ² »Fordere die Israeliten auf, eine Beisteuer an mich zu entrichten! Von einem jeden, den sein Herz dazu treibt, sollt ihr die Abgabe an mich annehmen! ³ Und zwar besteht die Abgabe, die ihr von ihnen erheben sollt, in folgendem: in Gold, Silber und Kupfer; ⁴ in blauem und rotem Purpur und Karmesin, in Byssus und Ziegenhaar; ⁵ in rotgefärbten Widderfellen und Seekuhhäuten; in Akazienholz; ⁶ in Öl zur Beleuchtung, in Gewürzkräutern für das Salböl und für das wohlriechende Räucherwerk; ⁷ in Onyxsteinen und anderen Edelsteinen zum Besatz für das Schulterkleid und für das Brustschild. ⁸ Sie sollen mir nämlich ein Heiligtum herstellen, damit ich mitten unter ihnen* wohne. [9] *Genau so, wie ich dir das Musterbild der Wohnung und das Musterbild aller ihrer Geräte zeigen werde, so sollt ihr es herstellen.«*

Anweisung über die Anfertigung der heiligen Geräte (Bundeslade, Tisch, Leuchter) [10] *»Sie sollen also eine Lade aus Akazienholz anfertigen, zweieinhalb Ellen lang, anderthalb Ellen breit und anderthalb Ellen hoch.* [11] *Du sollst sie mit feinem Gold überziehen, und zwar inwendig und auswendig, und oben einen goldenen Kranz ringsum an ihr anbringen.* [12] *Sodann gieße für sie vier goldene Ringe und befestige sie unten an ihren vier Ecken, und zwar zwei Ringe an ihrer einen Seite und zwei Ringe an ihrer andern Seite.* [13] *Weiter fertige zwei Stangen von Akazienholz an, überziehe sie mit Gold* [14] *und stecke diese Stangen in die Ringe an den Seiten der Lade, damit man die Lade vermittels ihrer tragen kann.* [15] *Die Stangen sollen in den Ringen der Lade verbleiben: sie dürfen nicht daraus entfernt werden.* [16] *In die Lade sollst du dann das Gesetz legen, das ich dir geben werde.* [17] *Sodann fertige eine Deckplatte aus feinem Gold an, zweieinhalb Ellen lang und anderthalb Ellen breit.*

[18] *Weiter sollst du zwei goldene Cherube anfertigen, und zwar in getriebener Arbeit, an den beiden Enden der Deckplatte.* [19] *Den einen Cherub sollst du am Ende der einen Seite und den andern Cherub am Ende der andern Seite anbringen; mit der Deckplatte zu einem Stück verbunden sollt ihr die Cherube an den beiden Enden der Deckplatte anbringen.* [20] *Die Cherube sollen die Flügel nach oben hin ausgebreitet halten, so daß sie die Deckplatte mit ihren Flügeln überdecken; ihre Gesichter sollen einander zugekehrt und zugleich zur Deckplatte hin gerichtet sein.* [21] *Die Deckplatte sollst du dann oben auf die Lade legen; und in die Lade sollst du das Gesetz tun, das ich dir geben werde.*

[22] *Daselbst will ich mit dir dann zusammenkommen; und von der Deckplatte herab, aus dem Raum zwischen den beiden Cheruben hervor, die auf der Gesetzeslade stehen, will ich dir alles mitteilen, was ich den Israeliten durch dich aufzutragen habe.*

[23] *Ferner sollst du einen Tisch aus Akazienholz anfertigen, zwei Ellen lang, eine Elle breit und anderthalb Ellen hoch.* [24] *Überziehe ihn mit feinem Gold*

und bringe an ihm ringsum einen goldenen Kranz an. ²⁵ Sodann bringe an ihm ringsum eine Einfassung an, die eine Handbreit hoch ist, und an dieser Einfassung wiederum einen goldenen Kranz ringsum. ²⁶ Dann fertige für ihn vier goldene Ringe an und befestige diese Ringe an den vier Ecken bei seinen vier Füßen. ²⁷ Dicht an der Einfassung sollen sich die Ringe befinden zur Aufnahme der Stangen, mit denen man den Tisch tragen kann. ²⁸ Die Stangen verfertige aus Akazienholz und überziehe sie mit Gold; mit ihnen soll der Tisch getragen werden. ²⁹ Weiter fertige die für ihn erforderlichen Schüsseln und Schalen, die Kannen und Becher an, die zu den Trankopfern gebraucht werden; aus feinem Gold sollst du sie herstellen. ³⁰ Auf den Tisch aber sollst du beständig Schaubrote vor mich hinlegen.

³¹ Weiter sollst du einen Leuchter aus feinem Gold anfertigen; in getriebener Arbeit soll der Leuchter, sein Fuß und sein Schaft, angefertigt werden; seine Blumenkelche – Knäufe mit Blüten – sollen aus einem Stück mit ihm gearbeitet sein. ³² Sechs Arme sollen von seinen Seiten ausgehen, drei Arme auf jeder Seite des Leuchters. ³³ Drei mandelblüten-förmige Blumenkelche – je ein Knauf mit einer Blüte – sollen sich an jedem Arm befinden; so soll es bei allen sechs Armen sein, die von dem Leuchter ausgehen. ³⁴ Am Schaft selbst aber sollen sich vier mandelblütenförmige Blumenkelche – Knäufe mit Blüten – befinden, ³⁵ und zwar soll sich an ihm immer ein Knauf unter jedem Paar der sechs Arme befinden, die vom Schaft des Leuchters ausgehen. ³⁶ Ihre Knäufe und Arme sollen aus einem Stück mit ihm bestehen: der ganze Leuchter soll eine einzige getriebene Arbeit von feinem Gold sein. ³⁷ Sodann sollst du sieben Lampen für ihn anfertigen; und man soll ihm diese Lampen so aufsetzen, daß sie den vor dem Leuchter liegenden Raum erleuchten. ³⁸ Auch die zugehörigen Lichtscheren und Pfannen sollen aus feinem Gold bestehen. ³⁹ Aus einem Talent feinen Goldes soll man ihn nebst allen diesen Geräten herstellen.

⁴⁰ Gib wohl acht, daß du alles genau nach dem Musterbild anfertigst, das dir auf dem Berge gezeigt werden soll.«

Lithographie Nr. 27: Moses auf dem Berge in der Wolke (Ex 24,18)

Ganz umhüllt von der Wolke Gottes tastet sich Mose vorsichtig nach vorne. Seine Augen schauen weit geöffnet im Nebel nach oben. Sie suchen Halt und Erkennen. Begierig nehmen sie alle Bildeindrücke tief in sich auf. Nur nicht vergessen!

Gedanken zum Tag

Der Bund Gottes soll sich nicht nur auf eine einmalige Begegnung auf dem Berg Horeb beschränken. Gott, der Schöpfer der Welt, will als Bundesgenosse bei seinem Volk bleiben und mit ihm ziehen. Daher gibt er präzise Anweisungen für sein eigenes Zelt. Kein Götterbild, sondern Bundeslade, Tisch und Leuchter zeigen an: hier ist die Wohnung Gottes unter den Menschen. Er geht mit. Sein Name wird präsent gehalten durch Zeichen: im Licht des Leuchters, im Gesetz des Bundes, in den Schaubroten, die auf das Manna ebenso wie auf seine Einladung zum ewigen Gastmahl hinweisen. – Ein echter Schlüsselmoment der Religionsgeschichte! Gott macht sich auf den Weg zum Menschen, nicht andersherum.

Wie gehe ich denn um mit den Wohnungen Gottes bei uns, den wir im Tabernakel jeder Kirche unter uns wissen dürfen?

Was tue ich dafür, dass diese Kirchen ehrfurchtsvoll behandelt, dem Allmächtigen gebührend geschmückt, heiliggehalten werden?

Ist mir klar, dass er es ist, der hier präsent ist? Oder lasse ich mich ablenken von Kunst, Geschichte oder auch dem Verhalten von mir und anderen, die es manchmal erschweren, die Konzentration auf ihn allein aufrecht zu erhalten?

Lasset uns beten!

Herr, du willst bei mir wohnen, dabei bin ich …

Hilf mir, die Ehrfurcht Dir gegenüber nie zu vergessen und …

Vater unser. – Herr, wie du willst. – Ehre sei dem Vater. – Gegrüßet seist du.

Samstag der 4. Fastenwoche

Lesung aus dem Buch Exodus

31 *¹⁸ Als der HERR nun seine Unterredung mit Mose auf dem Berge Sinai beendet hatte, übergab er ihm die beiden Gesetzestafeln, steinerne Tafeln, die vom Finger Gottes beschrieben waren.*

32 *Herstellung und Anbetung des goldenen Stierbildes ¹ Als aber das Volk sah, daß Mose mit seiner Rückkehr vom Berge auf sich warten ließ, sammelte sich das Volk um Aaron und sagte zu ihm: »Auf! Mache uns einen Gott, der vor uns herziehen soll! Denn von diesem Mose, dem Mann, der uns aus dem Land Ägypten hierher geführt hat, wissen wir nicht, was aus ihm geworden ist.« ² Da antwortete ihnen Aaron: »Reißt die goldenen Ringe ab, die eure Frauen und eure Söhne und Töchter in den Ohren tragen, und bringt sie mir her!« ³ Da riß das gesamte Volk sich die goldenen Ringe ab, die sie in den Ohren trugen, und brachten sie zu Aaron. ⁴ Der nahm sie von ihnen in Empfang, bearbeitete das Gold mit dem Meißel und machte ein gegossenes Kalb daraus. Da riefen sie: »Dies ist dein Gott, Israel, der dich aus dem Land Ägypten hergeführt hat!« ⁵ Als Aaron das sah, errichtete er einen Altar vor dem Stierbild und ließ ausrufen: »Morgen findet ein Fest statt zu Ehren des HERRN!« ⁶ Da machten sie sich am andern Morgen früh auf, opferten Brandopfer und brachten Heilsopfer dar, und das Volk setzte sich nieder, um zu essen und zu trinken; dann standen sie auf, um sich zu belustigen.*

Mose steigt, durch Gott von dem Abfall des Volkes unterrichtet, vom Berge hinab ⁷ Da sagte der HERR zu Mose: »Auf! Gehe hinab! Denn dein Volk, das du aus Ägypten hergeführt hast, begeht eine große Sünde: ⁸ gar schnell sind sie von dem Wege abgewichen, den ich ihnen geboten habe; sie haben sich ein gegossenes Stierbild gemacht und es angebetet, haben ihm geopfert und ausgerufen: ›Dies ist dein Gott, Israel, der dich aus dem Land Ägypten hergeführt hat!‹« ⁹ Dann fuhr der HERR fort: »Ich habe dieses Volk beobachtet und sehe wohl: es ist ein halsstarriges Volk. ¹⁰ Nun so laß mich, daß mein

Zorn gegen sie entbrenne und ich sie vernichte! Dich aber will ich zu einem großen Volk machen!«

[11] Mose aber suchte den HERRN, seinen Gott, zu besänftigen, indem er sagte: »Warum, o HERR, soll dein Zorn gegen dein Volk entbrennen, das du mit großer Kraft und starkem Arm aus dem Land Ägypten herausgeführt hast? [12] Warum sollen die Ägypter sagen: ›In böser Absicht[3] hat er sie hinausgeführt, um sie in den Bergen umkommen zu lassen und sie vom Erdboden zu vertilgen‹? Laß ab von deiner Zornesglut und laß dir das Unheil leid sein, das du deinem Volk zugedacht hast! [13] Denke an deine Knechte Abraham, Isaak und Israel, denen du bei dir selbst zugeschworen und verheißen hast: ›Ich will eure Nachkommenschaft so zahlreich machen wie die Sterne am Himmel und will dies ganze Land, von dem ich geredet habe, euren Nachkommen zu ewigem Besitz geben.‹«

[14] Da ließ der HERR sich das Unheil leid sein, das er seinem Volk zugedacht hatte. [15] Mose aber machte sich auf den Rückweg und stieg vom Berge hinab mit den beiden Gesetzestafeln in der Hand, Tafeln, die auf ihren beiden Seiten, vorn und hinten, beschrieben waren. [16] Diese Tafeln waren von Gott selbst angefertigt, und die Schrift war Gottes Schrift, in die Tafeln eingegraben. [17] Als nun Josua das laute Jubelgeschrei des Volkes hörte, sagte er zu Mose: »Kriegslärm ist im Lager!« [18] Der aber antwortete: »Das klingt nicht wie Geschrei von Siegern und auch nicht wie Geschrei von Besiegten: nein, lautes Singen höre ich!«

Moses Eifer für Gott; er straft das Volk durch die Leviten [19] Als er sich dann dem Lager genähert hatte und das Stierbild und die Reigentänze sah, da geriet Mose in lodernden Zorn, so daß er die Tafeln aus seinen Händen schleuderte und sie am Fuß des Berges zertrümmerte. [20] Dann nahm er das Stierbild, das sie angefertigt hatten, verbrannte es im Feuer und zerstieß es zu feinem Staub, den streute er aufs Wasser und ließ es die Israeliten trinken.

[21] Hierauf sagte Mose zu Aaron: »Was hat dir dieses Volk getan, daß du es zu einer so großen Sünde verführt hast?« [22] Aaron antwortete: »Mein Herr möge nicht in Zorn geraten! Du weißt selbst, wie das Volk zum Bösen geneigt ist. [23] Sie forderten mich auf: ›Mache uns einen Gott, der vor uns herziehen soll!

Denn von diesem Mose, dem Mann, der uns aus dem Land Ägypten hergeführt hat, wissen wir nicht, was aus ihm geworden ist.‹ ²⁴ Da antwortete ich ihnen: ›Wer Goldschmuck hat, der reiße ihn von sich ab!‹ Sie gaben es mir dann, und ich warf es ins Feuer; da kam dieses Stierbild heraus.«

²⁵ Als nun Mose sah, daß das Volk zügellos geworden war – denn Aaron hatte ihm die Zügel schießen lassen zur Schadenfreude für ihre Feinde –, ²⁶ trat Mose in das Tor des Lagers und rief aus: »Her zu mir, wer es mit dem HERRN hält!« Da scharten sich alle Leviten um ihn. ²⁹ Da sagte Mose: »Weiht euch heute dem HERRN zu Priestern!«

Lithographie Nr. 28: Mose zerschmettert die Gesetzestafeln (Ex 32,19)

Hoch aufgerichtet schleudert Mose die Gesetzestafeln von sich auf den Berg, von dem er gerade herabkam, und zerstört sie so. Sein Blick ist finster. Vor Trauer, vor Wut?

Gedanken zum Tag

Und dann das... Nach allem, was das Volk Israel an Hilfe und Offenbarung erlebt hat, tut Gott seinerseits alles, um den neuen Bund zu verfestigen und auf ein sicheres Fundament zu stellen. Aber das Volk, das eben noch Gott selbst hat schauen dürfen und bei ihm zu Gast sein konnte, springt von der Fahne.

Ausgerechnet seinem heiligen Namen, der doch gerade nicht mit einem menschengemachten Götzenbild verunehrt werden soll, basteln sie ein goldenes Kalb. Vor dem werfen sie sich nieder, denn der Mittler zwischen Gott und den Menschen, Mose, ist ja unbekannt auf den Berg verzogen.

So schnell wechseln die Stimmungen, wenn das Wort Gottes nicht wirklich verinnerlicht und zum Maßstab des eigenen Handelns gemacht wird. Selbst der Priester Aaron fällt ab und macht sich zum Handlanger der Mehrheitsmeinung, die immer nur das Nächstbeste und Naheliegendste, jedenfalls aber das Einfachste zu denken und zu tun bereit ist.

Mose kann nicht anders, als aus der Rolle zu fallen. War denn alles, was er bisher gesagt hat, total umsonst? Er erkennt, es hilft nur radikale Umkehr: es braucht Priester, die dem Volk helfen, Gott nicht zu vergessen.

Wie schnell vergesse auch ich, dass ich ein Kind Gottes bin? Wie tief reichen die Wurzeln meines Glaubens?

Wie wichtig ist es mir, mit der Mehrheit zu schwimmen, nicht aufzufallen und halte meinen Mund, wenn mein Zeugnis für Christus gefragt wäre?

Habe auch ich schon einmal geglaubt, meine eigenen Erkenntnisse und Regeln könnten Gottes Gebote ersetzen, und mir damit gemeint, mein Heil selber bewirken zu können?

Lasset uns beten!

Herr, im Alltag begegne ich vielen anderen Meinungen und Überzeugungen; hilf mir dann, dir treu zu bleiben, wenn ...

Vater unser. – Herr, wie du willst. – Ehre sei dem Vater. – Gegrüßet seist du.

5. Fastensonntag – Passionssonntag – Judica

Lesung aus dem Buch der Psalmen

Judica me, Deus, et discerne causam meam de gente non sancta: ab homine iniquo et doloso eripe me: quia tu es Deus meus, et fortitudo mea. – Emitte lucem tuam, et veritatem tuam: ipsa me deduxerunt, et adduxerunt in montem sanctum tuum, et in tabernacula tua.

43 *[1] Verschaff mir Recht, o Gott, und führe meine Sache gegen ein treuloses Volk! Rette mich vor bösen und tückischen Menschen, [2] denn du bist mein starker Gott. – [3] Sende dein Licht und deine Wahrheit, damit sie mich leiten; sie sollen mich führen zu deinem heiligen Berg und zu deiner Wohnung.*

Gedanken zum Tag

Fünfter Pausentag: eine Begleitungszusage in der Anstrengung. Wenn alles um mich ungerecht wirkt und ich mich allein fühle mit meiner Meinung oder Haltung, dann darf ich mich an Gott wenden. Er lässt mich erkennen, was Recht ist und hilft der Gerechtigkeit auf den Weg. Ich weiß mich getragen von einem, der es gut mit mir meint und mich in Schutz nimmt vor denen, die mich gegen ihn und mich selbst vereinnahmen wollen.

Auf dem Weg durch die Fastenzeit hilft mir der Blick auf Jesus, der von Gott gekommen ist, um mir zu zeigen: Gott ist auch für mich da. Er streitet für mich, wo ich zu schwach bin. Er verhilft mir zum Sieg über alle, die mir Feind sind und mich von Gott wegführen wollen – mich selbst eingeschlossen.

Mit Gott wird meine Reise gelingen, mit ihm werde ich zu mir selbst finden und in mir zum göttlichen Licht, das er in meiner Seele leuchten lässt. Mit ihm kann ich erkennen, dass wir Christen allesamt Brüder und Schwestern Jesu sind, der uns am Ziel der Reise das Tor des Himmels öffnen will. Sein Wort ist meinem Fuß eine Leuchte, ein Licht für meine Pfade (Ps 119,105). Er ist mein Weg, die eine Wahrheit und das ewige Leben. Also darf ich's mutig wagen!

Lasset uns beten!

Herr, ...

Herr, unser Gott, dein Sohn hat sich aus Liebe zur Welt dem Tod überliefert. Lass uns in seiner Liebe bleiben und mit deiner Gnade aus ihr leben. Darum bitten wir durch Jesus Christus, unseren Herrn. Amen.

Vater unser. – Herr, wie du willst. – Ehre sei dem Vater. – Gegrüßet seist du.

Glasfenster in der Apsis von St. Ursula in Kißlegg-Immenried:
Jesus verkündet die frohe Botschaft vom Reich Gottes

Jesu Weg mit den Jüngern ist eine Lehrreise. Schritt für Schritt führt er sie ein in das Denken Gottes, der das Niedrige erhebt und das Hohe erniedrigt, der in den Armen und Schwachen die sieht, die ihn brauchen, und die Hochmütigen und Stolzen beiseitelässt. In der Begegnung mit ihm ändert sich das Leben derer, die ihm glauben. Für sie steht Jesus nun ganz im Mittelpunkt ihres Seins und gibt ihnen einen neuen Lebenssinn.

Montag der 5. Fastenwoche

Lesung aus dem Buch Exodus

32 *Moses bittet für das Volk und Gott gewährt Aufschub* [30] *Am andern Tage aber sagte Mose zum Volk: »Ihr habt eine schwere Sünde begangen; darum will ich jetzt zum HERRN hinaufsteigen! Vielleicht kann ich euch Sühne für eure Sünde erwirken.«*

[31] *So kehrte denn Mose zum HERRN zurück und sagte: »Ach bitte! Dieses Volk hat eine schwere Sünde begangen: es hat sich einen Gott aus Gold angefertigt!* [32] *Und nun – vergib ihnen doch ihre Sünde! Wo nicht, so streiche lieber mich aus deinem Buche aus, das du geschrieben hast!«*

[33] *Der HERR aber antwortete dem Mose: »Wer gegen mich gesündigt hat, nur den werde ich aus meinem Buche ausstreichen.* [34] *Jetzt aber gehe hin und führe das Volk dahin, wohin ich dir geboten habe! Jedoch nur mein Engel wird vor dir hergehen; und am Tage meines Strafgerichts will ich sie für ihre Versündigung büßen lassen!«* [35] *So suchte denn der HERR fortan das Volk heim (zur Strafe) dafür, daß sie das Stierbild hatten machen lassen, welches Aaron angefertigt hatte.*

Lithographie Nr. 29: Mose handelt mit JHWH (Ex 32,32)

Geduckt und verhuscht wirkt Mose, während er mit den Händen zu reden scheint. Die Schuld des Volkes darf nicht deren Ende sein, er zeigt auf sich selbst und bietet sich selbst als Austausch an.

Gedanken zum Tag

Mose muss wieder einmal Fürbitte halten. Es ist beeindruckend, wie ehrlich und schlicht er vor Gott tritt. Er vertraut darauf, dass der schon weiß, was geschehen ist, aber er spricht in aller Deutlichkeit das Vergehen an, damit es eindeutig und klar benannt ist. Mose vertraut darauf: was ehrlich als Fehler benannt wird, kann in Gottes Erbarmen vergeben werden.

Wie gehe ich um mit meinen Fehlern? Kann ich sie mir eingestehen und vor Gott offen benennen? Vertraue ich darauf, dass alles, was ich im heiligen Sakrament der Versöhnung ehrlich und schlicht vor Gott ausspreche, wirklich und endgültig von ihm vergeben ist?

Lasset uns beten!

Herr, meine eigenen Fehler klagen mich an; ich weiß, dass du sie mir vergeben willst, darum hilf mir zu Ehrlichkeit und Vertrauen dir gegenüber und ...

Vater unser. – Herr, wie du willst. – Ehre sei dem Vater. – Gegrüßet seist du.

Dienstag der 5. Fastenwoche

Lesung aus dem Buch Exodus

33

Gottes Befehl zum Aufbruch in das Land der Verheißung; Trauer des Volkes über Gottes Abkehr [1] *Hierauf sagte der HERR zu Mose:* »Ziehe *nunmehr weiter, hinweg von hier, du und das Volk, das du aus dem Land Ägypten hergeführt hast, in das Land, das ich Abraham, Isaak und Jakob zugeschworen habe mit den Worten:* ›Deinen Nachkommen will ich es geben!‹ [2] *Ich will aber einen Engel vor dir hersenden und die Kanaanäer, Amoriter, Hethiter, Pherissiter, Hewiter und Jebusiter vertreiben, – in ein Land, das von Milch und Honig überfließt.* [3] *Doch ich selbst will nicht in deiner Mitte hinaufziehen, weil du ein halsstarriges Volk bist; ich müßte dich sonst unterwegs vertilgen.«*

[4] *Als das Volk diese schlimme Botschaft vernahm, wurde es betrübt, und keiner legte seinen Schmuck an;* [5] *denn der HERR hatte zu Mose gesagt:* »Sage den Israeliten: ›Ihr seid ein halsstarriges Volk; wenn ich auch nur einen Augenblick in deiner Mitte einherzöge, müßte ich dich vertilgen. So lege denn jetzt deinen Schmuck von dir ab, dann will ich sehen, was ich für dich tun kann!‹« [6] *Da legten die Israeliten ihren Schmuck ab, vom Berge Horeb an.*

Lithographie Nr. 30: Das Volk ist traurig (Ex 33,4)

Trauer und Scham haben das Volk die Augen sinken lassen. Die Israeliten blicken betrübt zu Boden. Verkrümmt ist jeder in sich selbst zurückgezogen und denkt nach.

Gedanken zum Tag

Die Folgen unserer Fehler begleiten uns. Dem Volk Israel wird das klar, als es einerseits die frohe Botschaft erfährt, dass Gott die Verheißung an Abraham, ihm ein neues Land zu schenken, an ihm erfüllen will. Andererseits wird Israel bewusst, dass seine hartnäckige Abkehr von Gott ihm die Gottesferne beschert. Der Ich-bin-da geht auf Distanz, aber nicht weg.

Damit fehlt die Zierde des Volkes, Schmuck ist also fehl am Platze. Sie machen sich auf, geschlossen und gestärkt durch die Zusage, dass das Gelobte Land vor ihnen liegt, aber auf die unmittelbare Nähe Gottes müssen sie traurig verzichten. Das birgt neue Risiken.

Wenn mir selbst Fehler passiert sind, kann ich dann weitermachen wie bisher? Selbst wenn die Schuld vergeben ist, wie verhalte ich mich in Zukunft?

Lasset uns beten!

Herr, an seinen Früchten wird man den Baum erkennen, sagst du; meine Frucht ...

Vater unser. – Herr, wie du willst. – Ehre sei dem Vater. – Gegrüßet seist du.

Mittwoch der 5. Fastenwoche

Lesung aus dem Buch Exodus

33 *Das Offenbarungszelt vor dem Lager* [7] *Mose aber nahm jedesmal das Zelt und schlug es für sich außerhalb des Lagers in einiger Entfernung vom Lager auf und gab ihm den Namen ›Offenbarungszelt‹. Sooft nun jemand den HERRN befragen wollte, ging er zu dem Offenbarungszelt hinaus, das außerhalb des Lagers lag.*

[8] *Sooft aber Mose zu dem Zelt hinausging, standen alle Leute auf und traten ein jeder in den Eingang seines Zeltes und blickten hinter Mose her, bis er in das Zelt eingetreten war.* [9] *Sobald dann Mose in das Zelt getreten war, senkte sich die Wolkensäule herab und nahm ihren Stand am Eingang des Zeltes, solange der HERR mit Mose redete.* [10] *Wenn nun das ganze Volk die Wolkensäule am Eingang des Zeltes stehen sah, erhob sich das ganze Volk, und jeder warf sich im Eingang seines Zeltes nieder.*

[11] *Der HERR aber redete mit Mose von Angesicht zu Angesicht, wie jemand mit seinem Freunde redet. Mose kehrte dann wieder ins Lager zurück, während sein Diener Josua, der Sohn Nuns, ein junger Mann, das Innere des Zeltes nie verließ.*

Lithographie Nr. 31: Mose geht zum Zelt (Ex 33,8)

Mose rafft sein Gewand und schreitet ernst auf seinen Weg blickend zum Offenbarungszelt. Gleich wird er Gott begegnen. Die Israeliten stehen andächtig vor ihren Zelten und sehen im hinterher.

Gedanken zum Tag

Gott zieht doch mit, nur nicht inmitten des Volkes. Er bleibt abgesondert vor dem Lager für sich und unabhängig von Israel. Aber er zeigt eben doch: Ich-bin-da. Er schlägt sein Zelt bei seinem Volk auf. Das war das Ziel des Bundes, den er geschlossen hat. Unter den Menschen zu zelten ist es, was er will.

Im Johannes-Evangelium wird deutlich, dass dieser Wunsch Gottes von Ewigkeit her immer intensiver wurde und zuletzt in Christus kulminiert: „Und das Wort ist Fleisch geworden und hat unter uns gewohnt" (Joh 1,14) bzw. wörtlich „gezeltet".

Gottes Sohn ist ebenfalls derjenige, der außerhalb der Stadt Jerusalem zur Welt kommt, in der Einsamkeit betet, am Rande Israels rund um den See von Galiläa predigt und unter den Kleinen wohnt als einer von ihnen.

Wo finde ich denn Gott am Rande meines Lebens? Suche ich ihn auch über die Grenzen meines eingerichteten Alltags hinaus? Wage ich den Schritt nach draußen, auf ihn zu, vielleicht auch zu dem, der für ihn steht und in seinem Haus Dienst tut, um am Ende ihm zu begegnen, der auch in mir Wohnung nehmen will?

Lasset uns beten!

Herr, am Rande meines Lebens bemerke ich...

Vater unser. – Herr, wie du willst. – Ehre sei dem Vater. – Gegrüßet seist du.

Donnerstag der 5. Fastenwoche

Lesung aus dem Buch Exodus

33

Weitere Verhandlungen Moses mit Gott [12] *Hierauf sagte Mose zum HERRN: »Siehe, du hast mir wohl geboten, dieses Volk (nach Kanaan) hinaufzuführen, hast mich aber nicht wissen lassen, wen du mit mir senden willst; und doch hast du zu mir gesagt: ›Ich kenne dich mit Namen, und du hast auch Gnade bei mir gefunden!‹* [13] *Wenn ich denn wirklich Gnade bei dir gefunden habe, so laß mich doch deine Pläne wissen, damit ich dich erkenne und damit ich (inne werde, daß ich) Gnade bei dir gefunden habe! Bedenke doch auch, daß dies Volk dein Volk ist!«*

[14] *Da antwortete der HERR: »Wenn ich in Person mitzöge, würde ich dir dadurch Beruhigung verschaffen?«* [15] *Da entgegnete ihm Mose: »Wenn du nicht in Person mitziehst, so laß uns lieber nicht von hier wegziehen!* [16] *Woran soll man denn sonst erkennen, daß ich samt deinem Volk Gnade bei dir gefunden habe? Doch eben daran, daß du mit uns ziehst und daß wir, ich und dein Volk, dadurch vor allen Völkern auf dem Erdboden ausgezeichnet werden.«*

Gott verspricht Mose das Schauen seiner Herrlichkeit als Gnadenbeweis [17] *Da antwortete der HERR dem Mose: »Auch diese Bitte, die du jetzt ausgesprochen, will ich dir erfüllen; denn du hast Gnade bei mir gefunden, und ich kenne dich mit Namen.«* [18] *Als Mose nun bat: »Laß mich doch deine Herrlichkeit schauen!«,* [19] *antwortete der HERR: »Ich will all meine Schönheit vor deinen Augen vorüberziehen lassen und will den Namen des HERRN laut vor dir ausrufen, nämlich daß ich Gnade erweise, wem ich eben gnädig bin, und Barmherzigkeit dem erzeige, dessen ich mich erbarmen will.«* [20] *Dann fuhr er fort: »Mein Angesicht kannst du nicht schauen; denn kein Mensch, der mich schaut, bleibt am Leben.«* [21] *Doch der HERR fuhr fort: »Siehe, es ist ein Platz neben mir: da magst du dich auf den Felsen stellen!* [22] *Wenn ich dann in meiner Herrlichkeit vorüberziehe, will ich dich in die Höhlung des Felsens stellen und meine Hand schirmend über dich halten, bis ich vorübergezogen bin.* [23] *Habe ich dann meine Hand zurückgezogen, so wirst du meine Rückseite schauen; mein Angesicht aber kann nicht geschaut werden.«*

Lithographie Nr. 32: Moses vor JHWH (Ex 33,18)

Die Hand an der Brust hebt Mose den Blick hinauf zum Herrn. Sein Gesicht strahlt den Glanz Gottes wider. Es hebt sich deutlich vor dem Dunkel des Hintergrundes ab. Der Gesichtsausdruck wirkt offen und gespannt.

Gedanken zum Tag

Mose darf mit Gott reden, mehr noch, er darf mit ihm kontrovers diskutieren. Gott hört auf ihn, wenn er sich für das Volk Israel einsetzt. Und Gott erklärt ihm geduldig, worum es ihm geht.

Mose aber will noch mehr: er interessiert sich für Gottes Pläne, weil er schon ahnt, dass er ohne klare Zielvorgabe beim Volk wieder nur Unsicherheit oder Ablehnung auslösen wird. So wagt es Mose, den Herrn an seinen Bund zu erinnern: dieses Volk Israel ist das Volk Gottes. Den Seinen kann er sich anvertrauen. Und so verspricht Gott dem Mose nach einer berührenden Szene, in der er rhetorisch fragt, ob er denn überhaupt mitziehen solle, dass er bei Israel bleiben wird. Mose hat also Erfolg mit seiner Bitte. Gott hat sich überzeugen lassen.

Da traut sich Mose eine weitere Bitte zu: er möchte Gottes Herrlichkeit sehen. Es wirkt auf uns seltsam, dass Gott diese Bitte abschlägt. Denn hatte er nicht im Offenbarungszelt und auf dem Berg Sinai mit Mose schon „von Angesicht zu Angesicht" geredet? Hatten nicht beim Bundesschluss auch die Ältesten Gott schauen dürfen?

An dieser Stelle wird deutlich, dass im Buch Exodus im Laufe der Jahrhunderte verschiedene Erzählstränge mehrerer Autoren miteinander verbunden wurden. Genauso wird man das merken, wenn Gott die Gesetzgebung noch einmal aufnimmt und Mose schon wieder Steintafeln anfertigt. Im Kern aber ist die Aussage Gottes konsistent: er ist unverfügbar für uns Menschen, auch für Mose. Gott entzieht sich unserem letzten Erkennen, er offenbart sich demjenigen gegenüber, den er will. Gott verweist zudem auf die Schönheit der Schöpfung, auf seine Machttaten, die Heiligkeit seines Namens, der seine Gegenwart bezeugt, und auf sein Erbarmen. An alldem lässt er sich schon erkennen. Es braucht also letztlich für uns Menschen im Moment nicht mehr.

Und doch schenkt Gott dem Mose noch etwas dazu: er darf die Rückseite Gottes schauen, also den Herrn im Nachhinein erkennen an seiner Herrlichkeit, die ihn umgibt und die ihm folgt, wo immer er wirkt.

Woran erkenne ich Gottes Spuren in meinem Leben? Genügen mir diese? Oder wünsche ich mir mehr? Warum?

Lasset uns beten!

Herr, wie gerne würde ich dich sehen, wie schön wäre es für mich, all deine Pläne zu kennen! Aber ich vertraue dir, dass alles, was du mir tust, gut für mich ist. Erinnere mich immer wieder daran, wenn ... aber zeige mir auch ...

Vater unser. – Herr, wie du willst. – Ehre sei dem Vater. – Gegrüßet seist du.

Freitag der 5. Fastenwoche

Lesung aus dem Buch Exodus

34
Mose steigt auf Gottes Gebot mit zwei unbeschriebenen Steintafeln auf den Sinai [1] *Darauf gebot der HERR dem Mose: »Haue dir zwei Steintafeln zurecht, wie die ersten waren, dann will ich auf die Tafeln die Worte schreiben, die auf den ersten Tafeln gestanden haben, die du zertrümmert hast!* [2] *Halte dich für morgen bereit, gleich früh auf den Berg Sinai zu steigen und dort auf der Spitze des Berges vor mich zu treten!* [3] *Es soll aber niemand mit dir heraufsteigen, und es darf sich auch niemand am ganzen Berge blicken lassen; sogar das Kleinvieh und die Rinder dürfen nicht gegen diesen Berg hin weiden!«*

[4] *So hieb sich denn Mose zwei Steintafeln zurecht, wie die ersten gewesen waren, und machte sich dann am andern Morgen früh auf und stieg zum Berge Sinai hinauf, wie der HERR ihm geboten hatte; die beiden Steintafeln trug er in der Hand.*

Die Gotteserscheinung und die Fürbitte Moses [5] *Da fuhr der HERR im Gewölk hernieder, und er (Mose) trat dort neben ihn und rief den Namen des HERRN an.* [6] *Da zog der HERR vor seinen Augen vorüber und rief aus: »Der HERR, der HERR ist ein barmherziger und gnädiger Gott, langmütig und reich an Gnade und Treue,* [7] *der Gnade auf Tausende hin bewahrt, der Unrecht, Übertretung und Sünde vergibt, doch auch (den Schuldigen) keineswegs ungestraft läßt, sondern die Schuld der Väter an Kindern und Kindeskindern heimsucht, am dritten und am vierten Glied.«*

[8] *Da verneigte sich Mose eilends bis zur Erde, warf sich nieder* [9] *und sagte: »Habe ich irgend Gnade bei dir, o Herr, gefunden, so wolle mein Herr doch in unserer Mitte einherziehen! Denn es ist ein halsstarriges Volk. Aber vergib uns unsere Schuld und Sünde und laß uns dein Eigentum sein!«*

Gott erneuert den Bund mit Israel [10] *Da antwortete der HERR: »Wohlan, ich schließe einen Bund: vor deinem ganzen Volk will ich Wunder tun, wie sie auf der ganzen Erde und unter allen Völkern noch nie vollführt sind, und das* ganze Volk, in dessen Mitte du lebst, soll das Walten des HERRN wahrnehmen; denn wunderbar soll das sein, was ich an dir tun werde.

[11] Beobachte wohl, was ich dir heute gebiete! Siehe, ich will vor dir die Amoriter, Kanaanäer, Hethiter, Pherissiter, Hewiter und Jebusiter vertreiben. [12] Hüte dich wohl, mit den Bewohnern des Landes, in das du kommen wirst, einen Vertrag zu schließen, damit sie für dich nicht, wenn sie unter dir wohnen bleiben, ein Fallstrick werden! [13] Ihr sollt vielmehr ihre Altäre niederreißen, ihre Malsteine zertrümmern und ihre Götzenbäume umhauen. [14] Denn du sollst keinen andern Gott anbeten! Denn der HERR heißt ›Eiferer‹ und ist ein eifersüchtiger Gott. [15] Schließe daher ja keinen Vertrag mit den Bewohnern des Landes, damit du nicht, wenn sie ihren Götzendienst treiben und ihren Göttern opfern und sie dich dazu einladen, an ihren Opfermahlen teilnimmst. [16] Du würdest dann auch von ihren Töchtern manche für deine Söhne zu Frauen nehmen, und diese würden, wenn sie ihren Götzendienst treiben, deine Söhne zu demselben Götzendienst verführen.«

Die neuen Bundesvorschriften über die rechte Gottesverehrung [17] »Du sollst dir keine gegossenen Gottesbilder machen! – [18] Das Fest der ungesäuerten Brote sollst du beobachten! Sieben Tage lang sollst du ungesäuertes Brot essen, wie ich dir geboten habe, zur bestimmten Zeit des Monats Abib; denn im Monat Abib bist du aus Ägypten ausgezogen. –

[19] Alle Erstgeburt gehört mir, auch von all deinem Vieh jede männliche Erstgeburt, der erste Wurf vom Rind- und Kleinvieh. [20] Aber das Erstgeborene vom Esel sollst du entweder mit einem Lamm lösen oder, wenn du das nicht willst, ihm das Genick brechen. Jeden Erstgeborenen von deinen Söhnen sollst du lösen! Und man darf vor mir nicht mit leeren Händen erscheinen! –

[21] Sechs Tage lang sollst du arbeiten, aber am siebten Tage sollst du ruhen! Auch während der Zeit des Pflügens und der Ernte sollst du ruhen! – [22] Auch das Wochenfest sollst du feiern, nämlich das Fest der Erstlinge der Weizenernte, sowie das Fest der Lese an der Wende des Jahres! – [23] Dreimal im Jahr sollen alle deine männlichen Personen vor Gott dem HERRN, dem Gott Israels, erscheinen. [24] Denn ich werde die Heidenvölker vor dir austreiben und dein Gebiet weit ausdehnen; und niemand soll nach deinem

Land Verlangen tragen, während du hinaufziehst, um dich vor dem HERRN, deinem Gott, sehen zu lassen dreimal im Jahr. – ²⁵ Du sollst das Blut meines Schlachtopfers nicht zusammen mit gesäuertem Brot darbringen! Und vom Opferfleisch des Passahfestes darf nichts über Nacht bis zum andern Morgen übrigbleiben! – ²⁶ Das Vorzüglichste von den Erstlingen deines Feldes sollst du in das Haus des HERRN, deines Gottes, bringen! – Du sollst kein Böckchen in der Milch seiner Mutter kochen!«

Mose schreibt die Bundesgebote auf; Gott erneuert die Gesetzestafeln ²⁷ Weiter gebot der HERR dem Mose: »Schreibe dir diese Verordnungen auf! Denn auf Grund dieser Verordnungen habe ich mit dir und mit Israel einen Bund geschlossen.« ²⁸ Hierauf verweilte Mose dort beim HERRN vierzig Tage und vierzig Nächte, ohne Brot zu essen und Wasser zu trinken; und er schrieb auf die Tafeln die Gebote des Bundes, die zehn Gebote.

Der Abstieg Moses; das Strahlen seiner Gesichtshaut ²⁹ Als Mose dann vom Berge Sinai hinabstieg – die beiden Gesetzestafeln hatte er dabei in der Hand –, da wußte Mose nicht, daß die Haut seines Angesichts infolge seiner Unterredung mit dem HERRN strahlend geworden war. ³⁰ Als nun Aaron und alle Israeliten Mose ansahen (und wahrnahmen), daß die Haut seines Angesichts strahlte, da fürchteten sie sich, ihm nahe zu kommen. ³¹ Als Mose sie aber herbeirief, wandten sich Aaron und alle Vorsteher der Gemeinde ihm wieder zu, und Mose redete mit ihnen. ³² Darauf traten auch alle Israeliten nahe an ihn heran, und er teilte ihnen alles mit, was der HERR ihm auf dem Berge Sinai aufgetragen hatte. ³³ Als er dann mit seinen Mitteilungen zu Ende war, legte er eine Hülle auf sein Angesicht.

³⁴ Sooft Mose nun vor den HERRN trat, um mit ihm zu reden, legte er die Hülle ab, bis er wieder hinausging; und wenn er hinausgekommen war, teilte er den Israeliten alles mit, was ihm geboten worden war. ³⁵ Dabei bekamen dann die Israeliten das Gesicht Moses zu sehen (und machten die Beobachtung), daß die Haut in seinem Gesicht strahlend geworden war; Mose aber legte dann die Hülle wieder auf sein Gesicht, bis er wieder hineinging, um mit dem HERRN zu reden.

Lithographie Nr. 33: Mose bringt die Gesetzestafeln vom Sinai (Ex 34,29)

Mose wirkt glücklich und strahlt. Ganz bei sich, mit innig geschlossenen Augen trägt er Gottes Gebot hinab zum Volk.

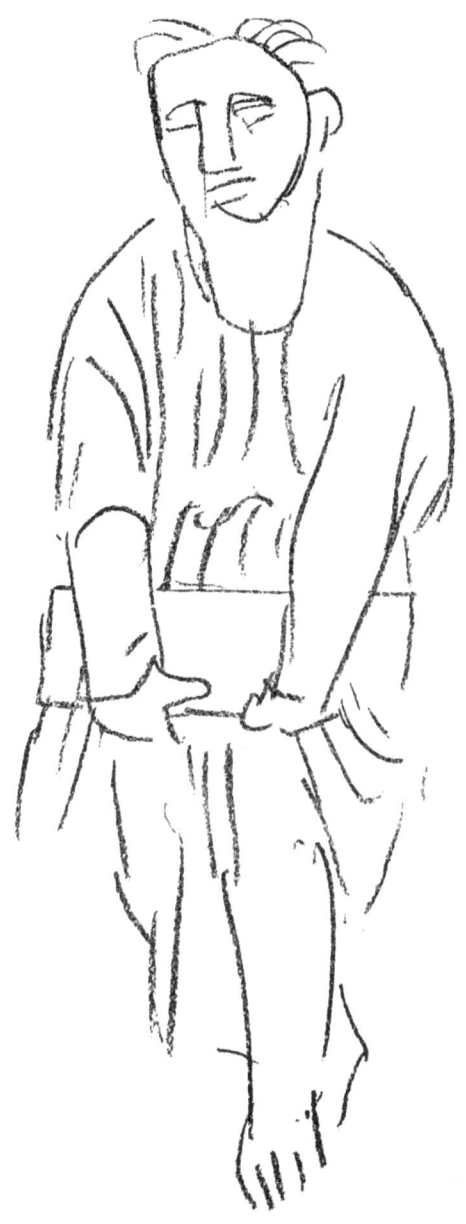

Gedanken zum Tag

Gott erneuert den einmal geschlossenen Bund mit seinem Volk. Auch wenn sie halsstarrig und rückfällig sind: Gott liebt die Menschen und wagt immer wieder einen Neubeginn mit ihnen.

Wieder zeigt er sich in der Wolke auf dem Berg und verkündet Mose noch einmal das Gesetz einschließlich der Zehn Gebote. 40 Tage und Nächte verbringt Mose bei Gott, er braucht in der Gegenwart des Lebens selbst kein Essen und kein Trinken. Dafür verändert die Präsenz Gottes das Angesicht des Mose: er strahlt. Und strahlend kommt er mit dem erneuerten Bundeszeichen der Steintafeln vom Berg hinab.

Womöglich können wir uns dieses Strahlen vorstellen wie die Beschreibung der Verklärung Christi in den Evangelien: ein Leuchten wie aus einer anderen Welt. Der Glanz der Herrlichkeit hat auf ihn abgefärbt.

Das flößt den anderen Furcht ein, aber sie ist unbegründet: mit hellem und frohem Gesicht kann Mose den Neubeginn verkünden. Und anders als zuvor trägt er die Steintafeln leicht und behände vom Berg, denn Gott hat versprochen, wieder inmitten des Volkes zu bleiben. Mehr noch: er darf ihn ganz intim und persönlich wieder schauen von Angesicht zu Angesicht.

Wie gehe ich hinein in die letzte Etappe dieser Reise mit Gott? Kann ich seine Gegenwart neu oder anders spüren, wenn ich ihm im Gebet oder in den Sakramenten begegne? Was macht mein Glaubensleben hell und lässt mich erkennbar von innen her strahlen, sodass andere durch mich von der Herrlichkeit Gottes erfahren können?

Lasset uns beten!

Herr, ich ...

Vater unser. – Herr, wie du willst. – Ehre sei dem Vater. – Gegrüßet seist du.

Samstag der 5. Fastenwoche

Lesung aus dem Buch Numeri

15 *Bericht über die Steinigung eines Sabbatschänders* [32] *Als die Israeliten sich in der Wüste befanden, trafen sie einen Mann, der am Sabbattage Holz auflas.* [33] *Da brachten die, welche ihn beim Holzlesen angetroffen hatten, ihn zu Mose und Aaron und zu der ganzen Gemeinde,* [34] *und man legte ihn in Gewahrsam; denn es lag noch keine Bestimmung darüber vor, was mit ihm geschehen solle.*

[35] *Da gebot der HERR dem Mose: »Der Mann soll unbedingt mit dem Tode bestraft werden: die ganze Gemeinde soll ihn außerhalb des Lagers steinigen!«* [36] *So führte ihn denn die ganze Gemeinde vor das Lager hinaus, und man warf ihn mit Steinen tot, wie der HERR dem Mose geboten hatte.*

Lithographie Nr. 34: Mose verurteilt den Sabbatschänder (Num 15,32 u. 35)

Auf den Fingerzeig des Mose auf dem Richterstuhl wird der Ungläubige abgeführt. Gleich wird der erste Stein geworfen, der Mann im Hintergrund hat den Arm schon bedrohlich erhoben.

Gedanken zum Tag

Es wird todernst. Der Bund mit Gott duldet nicht, dass anderes wichtiger ist als der Allmächtige. Das Gesetz wird in aller Härte, ja rücksichtslos durchgesetzt. Die Botschaft dahinter ist, dass Gottes Gebot keinerlei Abweichung zulässt, da sonst nichts mehr wirklich verbindlich ist.

Jesus Christus, der sich auf den Weg macht, den Menschen die Liebe Gottes zu erklären, ändert am Gesetz kein Jota, d.h. kein i-Tüpfelchen ab. Aber er lässt darüber nachdenken, wem das Gesetz nützen soll, wen es schützt. Das hat Konsequenzen für die Sanktionierung der Gebote. Denn Jesus zeigt: das Gesetz ist für den Menschen da, nicht umgekehrt. Der Mensch soll davor geschützt werden, von Gott getrennt leben zu müssen und dabei sein Ziel zu verfehlen.

Unter dieser neuen Sicht, die Gott uns in Jesus offenbart, ist kein Platz mehr für Rigorismus oder Buchstabengerechtigkeit. Nun kommt es darauf an, sich immer wieder zu fragen: Wie kann ich durch die Gebote immer tiefer hineinwachsen in die Liebe Gottes, der mich leben lassen will?

Lasset uns beten!

Herr, mir ist klar, dass ich fern von dir verwelke und vergehe; hilf mir, deine Gebote zu halten und schenk mir einen neuen Blick auf ...

Vater unser. – Herr, wie du willst. – Ehre sei dem Vater. – Gegrüßet seist du.

Palmsonntag

Lesung aus dem Evangelium nach Johannes

In crastinum turba multa, quae venerat ad diem festum, cum audissent quia venit Iesus Hierosolymam, acceperunt ramos palmarum et processerunt obviam ei et clamabant: "Hosanna! Benedictus, qui venit in nomine Domini, et rex Israel!". Invenit autem Iesus asellum et sedit super eum, sicut scriptum est: "Noli timere, filia Sion. Ecce rex tuus venit sedens super pullum asinae".

12 *¹² In jener Zeit hörte die große Volksmenge, die sich zum Paschafest eingefunden hatte, Jesus komme nach Jerusalem. ¹³ Da nahmen sie Palmzweige, zogen hinaus, um ihn zu empfangen, und riefen: Hosanna! Gesegnet sei er, der kommt im Namen des Herrn, der König Israels! ¹⁴ Jesus fand einen jungen Esel und setzte sich darauf – wie es in der Schrift heißt: ¹⁵ Fürchte dich nicht, Tochter Zion! Siehe, dein König kommt; er sitzt auf dem Fohlen einer Eselin.*

Gedanken zum Tag

Letzter Pausentag: Kurz vor dem Ziel der Reise ins Gelobte Land wird es noch einmal festlich, aber für uns, die wir die Passion Jesu kennen, zugleich tragisch. Wie das Volk Israel viele Jahre zuvor, schaffen es auch die Einwohner Jerusalems nicht, die Botschaft Jesu so zu verinnerlichen, dass sie ihr treu bleiben. Sie empfangen ihn zwar mit Glanz und Gloria, aber schon wenige Tage später wird aus dem „Hosanna!" das „Kreuzige ihn!".

Die Tragik des Volkes Israel scheint sich immer neu zu wiederholen. Aber werden wir nicht selbstgerecht. Wie wären wir Jesu Anspruch gegenübergestanden? Wie hätten wir ihn empfangen? Wie tief wäre unser Glauben verankert gewesen, als alle anderen begannen zu schreien, er sei nicht der Messias, sondern ein Lügner? Hätten wir den Mut gehabt, bei ihm zu bleiben?

Lasset uns beten!

Herr, ...

Allmächtiger, ewiger Gott, deinem Willen gehorsam, hat unser Erlöser Fleisch angenommen, er hat sich selbst erniedrigt und sich unter die Schmach des Kreuzes gebeugt. Hilf uns, dass wir ihm auf dem Weg des Leidens nachfolgen und an seiner Auferstehung Anteil erlangen. Darum bitten wir durch ihn, Jesus Christus, unseren Herrn. Amen.

Vater unser. – Herr, wie du willst. – Ehre sei dem Vater. – Gegrüßet seist du.

Glasfensterkreuzweg im Heilig-Kreuz-Münster in Schwäbisch Gmünd

Der bitterste Weg des Herrn ist eine Reise durch Leiden und Qual hinab in den Tod. Erst seit Ostern ist klar: dieser Weg hinab ins Nichts ist nun für jeden, der sich Jesus anvertraut, nur ein Zwischenschritt. Der letzte vor der Schwelle zum Leben, das hinter dem Dunkel des Todes allen verheißen ist, die Jesu Botschaft glauben.

Montag der Karwoche

Lesung aus dem Buch Numeri

16
Die Empörung Korahs und der Rubeniten [1] *Es empörte sich aber Korah, der Sohn Jizhars, des Sohnes Kahaths, des Sohnes Levis, und mit ihm Dathan und Abiram, die Söhne Eliabs, des Sohnes Pallus, des Sohnes Rubens.* [2] *Diese empörten sich gegen Mose und mit ihnen zweihundertundfünfzig Israeliten, welche Vorsteher der Gemeinde, aus der Gemeindeversammlung berufene und hochangesehene Männer waren.* [3] *Sie rotteten sich also gegen Mose und Aaron zusammen und sagten zu ihnen: »Ihr beansprucht für euch zu viel; denn die ganze Gemeinde, alle ohne Ausnahme sind heilig, weil der HERR in ihrer Mitte weilt: warum erhebt ihr euch da über die Gemeinde des HERRN?«*

Mose tritt der Rotte Korahs entgegen und kündigt ein Gottesurteil an [4] *Als Mose das hörte, warf er sich auf sein Angesicht nieder;* [5] *dann sagte er zu Korah und seinem ganzen Anhang: »Morgen, da wird der HERR kundtun, wer ihm angehört und wer geweiht ist, so daß er ihn zu sich nahen läßt; wen er sich dann erwählt, den wird er zu sich nahen lassen.* [6] *Tut folgendes: Nehmt euch Räucherpfannen, du, Korah, und ihr, sein ganzer Anhang,* [7] *tut morgen Feuer hinein und legt vor dem HERRN Räucherwerk darauf; wen dann der HERR erwählt, der soll als geweiht gelten! Damit gebt euch zufrieden, ihr Söhne Levis!«* [8] *Mose sagte dann weiter zu Korah: »Hört doch, ihr Söhne Levis!* [9] *Genügt es euch nicht, daß der Gott Israels euch aus der Gemeinde der Israeliten ausgesondert hat, um euch zu sich nahen zu lassen, damit ihr den Dienst an der Wohnung des HERRN verrichtet und im Dienst der Gemeinde dieses Amt verwaltet?* [10] *Dich und alle deine Brüder mit dir, die Leviten, hat er zu sich nahen lassen, und nun verlangt ihr auch noch die Priesterwürde?* [11] *Somit rottet ihr euch gegen den HERRN zusammen, du und dein ganzer Anhang; denn was ist Aaron, daß ihr gegen ihn murrt?«*

Dathan und Abiram verspotten Mose, dieser betet zu Gott [12] *Hierauf ließ Mose Dathan und Abiram, die Söhne Eliabs, durch Boten rufen; aber sie ließen sagen: »Wir kommen nicht zu dir hinauf!* [13] *Ist es nicht genug, daß du uns aus einem Lande, das von Milch und Honig überfließt, hierher geführt hast, um uns in der Wüste sterben zu lassen? Willst du dich gar noch zum Herrscher über uns aufwerfen?* [14] *Du hast uns wahrlich nicht in ein Land gebracht, das von Milch und Honig überfließt, und uns keine Äcker und Weinberge zum Erbbesitz gegeben! Willst du etwa den Leuten hier Sand in die Augen streuen? Wir kommen nicht zu dir hinauf!«* [15] *Darüber geriet Mose in heftigen Zorn und betete zum HERRN: »Wende dich nicht zu ihrer Opfergabe! Keinem von ihnen habe ich auch nur einen Esel genommen und keinem von ihnen etwas zuleide getan!«*

[16] *Hierauf sagte Mose zu Korah: »Du und dein ganzer Anhang, ihr mögt morgen vor dem HERRN erscheinen, du und sie und auch Aaron.* [17] *Nehmt dann ein jeder seine Räucherpfanne und legt Räucherwerk darauf; dann bringe ein jeder seine Räucherpfanne vor den HERRN, zweihundertundfünfzig Räucherpfannen, auch du und Aaron, ein jeder seine Räucherpfanne!«* [18] *So nahmen sie denn ein jeder seine Räucherpfanne, taten feurige Kohlen hinein und legten Räucherwerk darauf; dann traten sie an den Eingang des Offenbarungszeltes, auch Mose und Aaron.* [19] *Korah hatte aber die ganze Gemeinde am Eingang des Offenbarungszeltes gegen sie versammelt. Da erschien der ganzen Gemeinde die Herrlichkeit des HERRN;* [20] *und der HERR gab dem Mose und Aaron folgende Weisung:* [21] *»Sondert euch von dieser Gemeinde ab: ich will sie in einem Augenblick vertilgen!«* [22] *Da warfen sie sich (beide) auf ihr Angesicht nieder und beteten: »O Gott, du Herr über Leben und Tod alles Fleisches! Willst du denn, wenn ein einzelner Mann gesündigt hat, der ganzen Gemeinde zürnen?«* [23] *Da gebot der HERR dem Mose:* [24] *»Befiehl der Gemeinde, sich aus der Umgebung der Wohnung Korahs, Dathans und Abirams zu entfernen!«*

Das Gottesgericht an Dathan und Abiram [25] *Nun erhob sich Mose und begab sich zu Dathan und Abiram, und es folgten ihm die Ältesten der Israeliten.* [26] *Dann gab er der Gemeinde die Weisung: »Entfernt euch ja von den Zelten dieser gottlosen Männer und rührt nichts von dem an, was ihnen gehört, damit ihr nicht auch hinweggerafft werdet um all ihrer Sünden willen!«* [27] *Da* entfernten sie sich aus der Umgebung der Wohnung Korahs, Dathans und Abirams. Dathan und Abiram aber waren herausgetreten und standen mit ihren Frauen und ihren großen und kleinen Kindern im Eingang ihrer Zelte. [28] Da sagte Mose: »Daran sollt ihr erkennen, daß der HERR es ist, der mich gesandt hat, um alle diese Taten zu vollbringen, und daß ich nicht nach eigenem Ermessen gehandelt habe: [29] wenn diese hier so sterben, wie alle anderen Menschen sterben, und von dem gewöhnlichen Schicksal der Menschen betroffen werden, dann hat der HERR mich nicht gesandt; [30] wenn aber der HERR etwas noch nie Vorgekommenes geschehen läßt und der Erdboden seinen Mund auftut und sie mit allem, was ihnen gehört, verschlingt, so daß sie lebendig in das Totenreich hinabfahren, so werdet ihr daran erkennen, daß diese Männer Verächter des HERRN gewesen sind!« [31] Kaum hatte er diese Worte zu Ende gesprochen, da spaltete sich der Erdboden unter ihren Füßen, [32] und die Erde tat ihren Mund auf und verschlang sie samt ihren Familien sowie alle Anhänger Korahs mit ihrer gesamten Habe: [33] lebend fuhren sie mit allem, was sie besaßen, in das Totenreich hinab, die Erde schloß sich über ihnen, und sie waren aus der Mitte der Gemeinde verschwunden. [34] Alle Israeliten aber, die rings um sie her standen, flohen bei ihrem Geschrei; denn sie dachten, die Erde würde auch sie verschlingen. [35] Und es ging Feuer vom HERRN aus und verzehrte die zweihundertundfünfzig Männer, die das Räucherwerk dargebracht hatten.

Lithographie Nr. 35: Mose und die Rotte Korah (Num 16, 15ff.)

Wie eine Horde von Hunden steht die Rotte Korah dem Mose gegenüber. Von unten her verspotten sie ihn mit ihren niedrigen Gedanken und zeigen mit dem Finger auf ihn. Ruhig überblickt Mose sie und wehrt sie mit der Bewegung seines rechten Armes ab. Mit geballter linker Faust deutet er in die Richtung, die sie einschlagen werden.

Gedanken zum Tag

Von einem Einzelnen geht das Verderben für Viele aus. Die Rotte Korahs wagt den offenen Widerstand gegen den Anspruch Moses, im Namen des Allmächtigen zu handeln. – Es wirkt wie eine Vorausschau auf die Verhandlungen gegen Jesus vor dem Hohen Rat und vor Pilatus, in denen seine Bedeutung und seine Person infrage gestellt werden.

Ein Teil des Volkes Israel will sich über andere erheben, beansprucht Vorrang und höhere Ehren. Mose vermittelt, gibt zu bedenken, weist Anspruchsdenken zurück. – Wieder lohnt der Blick auf Jesus: er beansprucht gar nichts, er verweist auf seine Predigt, er fragt, was er denn falsch gemacht habe, wenn er im Namen dessen auftritt, der ihn gesandt hat.

Ebenso wie Jesus verweist Mose wiederum von sich weg auf Gott. Er klärt, dass allein Gott in Dienst nimmt, wen er will. Niemand kann die Priesterwürde für sich beanspruchen. Sie kommt allein von Gott. Also fordert Mose die Aufrührer heraus, zu zeigen, ob sie Gottes oder eigene Ideen verfolgen. Doch zugleich bittet er Gott, in seinem Zorn nicht auch noch andere, die sich unsicher sind oder verführen lassen, zu schlagen. Das anschließende Gottesgericht verschlingt tatsächlich nur die aufrührerische Rotte. Sie verschwinden vom Erdboden. – Jesus lässt sich in Jerusalem ebenfalls beschimpfen und zuletzt von Sünde, Betrug und Wahn besiegen und vernichten. Doch er beweist an Ostern: Gott ist treu und rettet den, der bei ihm bleibt und ihm vertraut. Wer sich gegenüber Gott ins Recht zu setzen versucht, ihn bekämpft und sich selbst mit einer Würde ausstatten will, vergeht wie die Rotte Korahs und wie die Herrlichkeit des Tempels, den es am Karfreitag zerreißt.

Lasset uns beten!

Herr, lass mich erkennen, wo mein Platz in deiner Weltordnung ist. Lass mich genau hinhören, wie und wohin du mich rufst. Und gib mir den Mut, deinem Wort zu folgen. Denn ich glaube ...

Vater unser. – Herr, wie du willst. – Ehre sei dem Vater. – Gegrüßet seist du.

Dienstag der Karwoche

Lesung aus dem Buch Numeri

17

Erweis des Priesterrechts Aarons durch den grünenden Stab [16] *Darauf gebot der HERR dem Mose folgendes:* [17] *»Rede mit den Israeliten und laß dir von ihnen je einen Stab für jeden Stamm geben, von allen ihren Fürsten Stamm für Stamm, zwölf Stäbe. Schreibe auf jeden Stab den Namen des betreffenden Fürsten;* [18] *auf den Stab Levis aber schreibe den Namen Aarons; denn ein Stab soll für jedes Haupt ihrer Stämme sein.* [19] *Dann lege sie im Offenbarungszelt vor der Gesetzeslade nieder, da, wo ich mich euch zu offenbaren pflege.* [20] *Da soll dann der Stab des Mannes, den ich mir erwähle, grünen, und ich will so dem Murren der Israeliten, das sie gegen euch erheben, ein Ende machen [damit es mich nicht nochmals belästigt].«*

[21] *Als nun Mose dies den Israeliten mitgeteilt hatte, übergaben ihm alle ihre Fürsten, Stamm für Stamm, je einen Stab für jeden Fürsten, (im ganzen) zwölf Stäbe; auch der Stab Aarons war unter ihren Stäben.* [22] *Darauf legte Mose die Stäbe vor dem HERRN im Offenbarungszelt nieder.* [23] *Als nun Mose am folgenden Tage in das Offenbarungszelt hineinging, siehe, da hatte der Stab Aarons, der dem Stamme Levi angehörte, gesproßt, und zwar hatte er Schosse getrieben und Blüten hervorgebracht und trug reife Mandeln.* [24] *Mose holte nun alle Stäbe aus dem Heiligtum des HERRN heraus und legte sie allen Israeliten vor; diese besahen sie und nahmen ein jeder seinen Stab zurück.*

[25] *Der HERR aber gebot dem Mose: »Bringe den Stab Aarons wieder vor die Gesetzeslade zurück; er soll dort als ein Mahnzeichen für die Widerspenstigen aufbewahrt werden, damit du ihrem Murren gegen mich ein Ende machst und sie nicht zu sterben brauchen.«* [26] *Mose tat es; wie der HERR ihm geboten hatte, so tat er.*

Angst des Volkes vor dem unter ihnen befindlichen Heiligtum [27] *Die Israeliten aber sagten zu Mose: »Wehe! Wir kommen um, wir sind verloren, alle sind wir verloren!* [28] *Wer irgend der Wohnung des HERRN nahe kommt, muß sterben! Sollen wir denn rettungslos ums Leben kommen?«*

Lithographie Nr. 36: Mose verteilt die Stäbe der Stämme u. zeigt Aarons Stab (Num 17,8)

Jeder der Israeliten im Hintergrund begutachtet den Stab seines Stammes. Mose aber blickt auf den grünenden Stab des Aaron, nachdenklich und besorgt, wie lange es dauern wird, bis das Volk auch dieses Gotteszeichen wieder vergisst.

Gedanken zum Tag

Der wahre Priester wird daran erkannt, dass sein Wirken Leben hervorbringt. Jesus Christus ist der eine Hohepriester, der das in Vollendung beweist. In ihm ist das Leben schlechthin. Ihm dürfen wir uns als seine Kinder nahen ohne Angst haben zu müssen.

Lasset uns beten!

Herr, schenk mir neues Leben dort, wo ich ...

Vater unser. – Herr, wie du willst. – Ehre sei dem Vater. – Gegrüßet seist du.

Mittwoch der Karwoche

Lesung aus dem Buch Numeri

25 *Israels Abfall zu Baal-Peor* ¹ *Als aber die Israeliten sich in Sittim niedergelassen hatten, fing das Volk an, mit den Moabitinnen Unzucht zu treiben.* ² *Diese luden das Volk zu den Opferfesten ihrer Götter ein, und das Volk nahm an ihren Opfermahlen teil und betete ihre Götter an.* ³ *Als nun die Israeliten sich so an Baal-Peor gehängt hatten, entbrannte der Zorn des HERRN gegen Israel,* ⁴ *so daß der HERR dem Mose gebot: »Nimm alle Häupter des Volkes und hänge sie angesichts der Sonne auf, damit der lodernde Zorn des HERRN sich von Israel abwende.«* ⁵ *Da befahl Mose den Richtern der Israeliten: »Tötet ein jeder diejenigen von seinen Leuten, die sich an Baal-Peor gehängt haben!«*

Lithographie Nr. 37: Mose lässt die Götzendiener ausrotten (Num 25,5)

Nachdenklich-besorgt rauft Mose sich das Haar. Zum Schutz des Bundes mit Gott sieht er mit Kummer nur eine Möglichkeit: die teilnahmslos und stumpf dreinblickenden Soldaten müssen durchgreifen.

Gedanken zum Tag

Der Bund Gottes mit seinem Volk ist heilig. Er erlaubt keine Vermischung mit anderen Völkern, bei denen das Risiko besteht, den eigenen Glauben mit deren Kultur und Religion zu vermischen und damit den Glauben an den einen Gott zu relativieren. Schon gar nicht darf eine solche Verunklarung in die nächste Generation weitergegeben werden; daher die rigiden Heiratsvorschriften. – Mose muss feststellen, dass genau diese Risiken sich bei einer Vermischung mit anderen Völkern realisieren. Israel nimmt den Kult des Baal-Peor auf. Das bedeutet: es stellt einen weiteren Gott neben den einzig wahren Gott; ein klarer Verstoß gegen das erste Gebot in mehrfacher Hinsicht.

Das Volk Israel sieht keine Alternative als diejenigen, die so handeln, aus seiner Mitte auszumerzen. Genau darüber kommt auch Jesus zu Fall. Ihm wird unterstellt, Gott zu lästern und sich an die Stelle Gottes zu setzen – in den Augen seiner Zeitgenossen auch eine Art Vielgötterei. Für seine Richter ist unvorstellbar, dass in ihm das Gesetz des Mose zur Erfüllung gekommen, und in ihm Gott Mensch geworden ist. Nur seine Apostel haben erfahren: In Jesus Christus ist Gott mitten unter uns und deswegen müssen wir an ihm neu Maß nehmen. Aber auch sie verstehen nicht, dass dieser Gott gekommen ist, um für alle zu leiden, auch für diejenigen, die ihn nicht erkennen, ablehnen oder sogar bekämpfen.

Lasset uns beten!

Herr, wie oft habe auch ich Rachegefühle, aber wenn ich auf Jesus schaue, dann ...

Vater unser. – Herr, wie du willst. – Ehre sei dem Vater. – Gegrüßet seist du.

Gründonnerstag

Lesung aus dem Buch Deuteronomium

31

Die letzten Schicksale und Abschiedsreden Moses [1] **Nun ging Mose**
daran, folgende Worte an ganz Israel zu richten; [2] *er sagte zu ihnen:*
»Ich bin heute 120 Jahre alt: ich vermag nicht mehr den Anforderungen
meines Amtes zu genügen; auch hat der HERR zu mir gesagt: ›Du sollst den
Jordan da nicht überschreiten!‹ [3] *Der HERR, dein Gott, wird selbst an deiner*
Spitze hinüberziehen: er selbst wird diese Völker vor dir her vernichten, daß
du ihr Land in Besitz nehmen kannst. Josua wird an deiner Spitze
hinüberziehen, wie der HERR geboten hat, [4] *und der HERR wird mit ihnen*
verfahren, wie er mit Sihon und Og, den Königen der Amoriter, und mit ihrem
Lande verfahren ist, die er vernichtet hat. [5] *Wenn der HERR sie aber in eure*
Gewalt gibt, so sollt ihr mit ihnen genau nach der Weisung verfahren, die ich
euch gegeben habe. [6] *Seid mutig und stark! Fürchtet euch nicht und seid*
ohne Angst vor ihnen! Denn der HERR, dein Gott, zieht selbst mit dir: er wird
dir seine Hilfe nicht versagen und dich nicht verlassen.«

[7] *Hierauf berief Mose den Josua und sagte zu ihm in Gegenwart aller*
Israeliten: »Sei mutig und stark! Denn du sollst mit diesem Volk in das Land
kommen, dessen Besitz der HERR ihren Vätern zugeschworen hat, und du
sollst es als Erbbesitz unter sie verteilen. [8] *Der HERR selbst aber wird vor dir*
herziehen; er wird mit dir sein, wird dir seine Hilfe nicht versagen und dich
nicht verlassen: fürchte dich nicht und sei ohne Angst!«

[9] *Dann schrieb Mose dieses Gesetz nieder und übergab es den Priestern, den*
Leviten, welche die Lade mit dem Bundesgesetze des HERRN zu tragen
hatten, und allen Ältesten Israels. [10] *Mose gab ihnen dabei folgenden Befehl:*
»Alle sieben Jahre, zur festgesetzten Zeit des Erlaßjahres, am
Laubhüttenfeste, [11] *wenn ganz Israel sich einfindet, um vor dem HERRN,*
deinem Gott, an der Stätte zu erscheinen, die er erwählen wird, sollst du
dieses Gesetz vor ganz Israel laut vorlesen, so daß alle es hören. [12] *Laß das*
Volk, die Männer, die Frauen und die Kinder, auch die Fremdlinge, die bei dir

in deinen Ortschaften wohnen, sich versammeln, damit sie es hören und kennenlernen und den HERRN, euren Gott, fürchten und alle Bestimmungen dieses Gesetzes gewissenhaft befolgen. ¹³ Auch ihre Kinder, die es noch nicht kennen, sollen es hören, damit sie den HERRN, euren Gott, fürchten lernen während der ganzen Zeit, die ihr in dem Lande leben werdet, in das ihr jetzt über den Jordan zieht, um es in Besitz zu nehmen.«

¹⁴ Hierauf sagte der HERR zu Mose: »Nun ist die Zeit für dich gekommen, daß du sterben mußt. Rufe Josua und tretet in das Offenbarungszelt, damit ich ihn zu seinem Amt bestelle!« Da gingen Mose und Josua hin und traten in das Offenbarungszelt; ¹⁵ der HERR aber erschien im Zelte in einer Wolkensäule, und die Wolkensäule blieb am Eingang des Zeltes stehen. ¹⁶ Da sagte der HERR zu Mose: »Du bist nun im Begriff, dich zu deinen Vätern zu legen; dann wird dieses Volk sich daranmachen, mit den fremden Göttern inmitten des Landes, in das es jetzt einzieht, Abgötterei zu treiben; es wird mich dann verlassen und den Bund mit mir, den ich mit ihnen geschlossen habe, brechen. ¹⁷ Da wird dann mein Zorn gegen sie zu jener Zeit entbrennen, und ich werde sie verlassen und mein Angesicht vor ihnen verbergen; dann wird es der Vertilgung anheimfallen, und viele Leiden und Drangsale werden es treffen. Da wird es dann zu jener Zeit sagen: ›Haben diese Leiden mich nicht deshalb getroffen, weil mein Gott nicht mehr in meiner Mitte ist?‹ ¹⁸ Ich aber will dann zu jener Zeit mein Angesicht gänzlich (vor ihm) verbergen wegen all des Bösen, das dieses Volk verübt hat, indem es sich anderen Göttern zuwandte.«

¹⁹ »Und nun schreibt euch das nachfolgende Lied auf und lehre es die Israeliten; lege es ihnen in den Mund, damit dieses Lied mir zum Zeugnis gegen die Israeliten diene. ²⁰ Denn ich werde sie allerdings in das Land bringen, das ich ihren Vätern zugeschworen habe, (ein Land,) das von Milch und Honig überfließt; aber wenn sie dann essen und satt werden und fett geworden sind, werden sie sich anderen Göttern zuwenden und ihnen dienen, mich aber werden sie verwerfen und den Bund mit mir brechen. ²¹ Wenn dann viele Leiden und Drangsale sie treffen, dann soll dieses Lied – denn es wird im Munde ihrer Nachkommen unvergessen fortleben – Zeugnis gegen sie ablegen, daß ich ihr Sinnen und Trachten, mit dem sie schon heute umgehen, gekannt habe, noch ehe ich sie in das Land habe gelangen lassen, das ich (ihnen) zugeschworen habe.«

[22] *So schrieb denn Mose dieses Lied noch an demselben Tage auf und lehrte es die Israeliten;* [23] *dem Josua aber, dem Sohne Nuns, erteilte der HERR folgenden Auftrag: »Sei mutig und stark! Denn du sollst die Israeliten in das Land bringen, das ich ihnen zugeschworen habe, und ich selbst will mit dir sein.«*

[24] *Als nun Mose dieses Gesetz nach seinem Wortlaut vollständig bis zu Ende in ein Buch geschrieben hatte,* [25] *gab er den Leviten, welche die Lade mit dem Bundesgesetze des HERRN zu tragen hatten, folgenden Befehl:* [26] *»Nehmt dieses Gesetzbuch und legt es neben die Bundeslade des HERRN, eures Gottes, damit es dort zum Zeugnis gegen euch dient.* [27] *Denn ich kenne deine Widerspenstigkeit und deine Halsstarrigkeit wohl. Wenn ihr schon jetzt, während ich noch als Lebender unter euch weile, widerspenstig gegen den HERRN gewesen seid: wieviel mehr wird es da nach meinem Tode so sein!* [28] *Beruft zu einer Versammlung bei mir alle Ältesten eurer Stämme und eure Obmänner, ich will ihnen diese Worte laut vorlesen und den Himmel und die Erde zu Zeugen gegen sie anrufen.* [29] *Denn ich weiß, daß ihr nach meinem Tode ganz verwerflich handeln und von dem Wege abweichen werdet, den ich euch zur Pflicht gemacht habe. So wird denn schließlich das Unglück über euch hereinbrechen, weil ihr tun werdet, was dem HERRN mißfällt, indem ihr ihn durch euer ganzes Tun zum Zorn reizt.«*

Lithographie Nr. 38: Mose mit Josua im Zelt (Dtn 31,14)

Mit dünn behaartem Haupt schreitet Mose dem Josua voran ins Offenbarungszelt. Dieser blickt ängstlich drein, Mose aber ruhig und heilsgewiss: sein Werk ist getan. Die Botschaft Gottes an sein Volk, die Mose zu überbringen hat, ist an ein Ende gekommen.

Gedanken zum Tag

Die Abschiedsrede des Mose ist wie ein großer Rückblick auf alles, was Gott mit seinem Volk getan hat und wie er sichtbar in seiner Mitte Wohnung genommen hat. Es ist eine Zusammenfassung seiner Mahnungen an Israel. Es ist eine Ermutigung an seine Mitarbeiter, dem Wort des Herrn treu zu bleiben, auch wenn er nicht mehr da ist.

Wenn wir auf die Abschiedsreden und -gesten Jesu schauen, sehen wir dasselbe. Er wäscht seinen Aposteln die Füße und zeigt: Ich bin Gott, der unter euch wirkt, um euch in Liebe zu dienen. Er gibt selbst das Beispiel, wie wir miteinander umgehen sollen. Und als großes Vermächtnis setzt er beim letzten Abendmahl die Eucharistie ein. Wann immer die Apostel zu seinem Gedächtnis seine Worte wiedergeben und wie er handeln, dann ist er selbst es, der das Brot in seinen Leib und den Wein in sein Blut wandelt. So macht er den Jüngern Mut in die Zukunft zu gehen, immer in Erinnerung daran, dass Gott es ist, der in diesen Sakramenten bei ihnen ist und bleibt.

Mit diesem Abendmahl endet die Zeit der Zwölfergemeinschaft der Apostel. Im unmittelbaren Anschluss begibt sich Jesus zum Ölberg. So wie Mose im Offenbarungszelt noch einmal Gott erscheint, so begreift Jesus durch das Erscheinen des Engels in Getsemane die unaufhörliche Verbindung mit dem Vater. Beide Szenen, die des Mose und die Jesu, sind letzte Momente der Ermutigung, die von Gott ausgeht und sie stärkt für den Weg, der in den Tod führt, der aber durch Jesus zum Weg ins Leben wird.

In der Karwoche wird endgültig klar: Jesus ist der neue Mose. Er gibt seinem Volk das endgültige Gesetz, er ist der wahre Vermittler zwischen Gott, dem Vater, und den Menschen, er opfert sich auf für die Seinen.

Die Apostel wagen all das nicht zu ahnen, sie sind überfordert und müde – und fliehen am Ende allesamt in die Nacht.

Lasset uns beten!

Herr, du bist ...

Allmächtiger, ewiger Gott, am Abend vor seinem Leiden hat dein geliebter Sohn der Kirche das Opfer des Neuen und Ewigen Bundes anvertraut und das Gastmahl seiner Liebe gestiftet. Gib, dass wir aus diesem Geheimnis die Fülle des Lebens und der Liebe empfangen. Darum bitten wir durch ihn, Jesus Christus, unseren Herrn. Amen.

Vater unser. – Herr, wie du willst. – Ehre sei dem Vater. – Gegrüßet seist du.

Karfreitag

Lesung aus dem Buch Deuteronomium

31 ³⁰ *Hierauf trug Mose der ganzen Gemeindeversammlung der Israeliten den Wortlaut des folgenden Liedes bis zu Ende vor:*

32 *Das Lied des Mose* ¹ *Horcht auf, ihr Himmel, denn ich will reden, / und die Erde vernehme die Worte meines Mundes! / ² Wie Regen ergieße sich meine Belehrung, / wie Tau riesele meine Rede, / wie Regenschauer auf junges Grün / und wie Regentropfen auf Pflanzen! / ³ Denn den Namen des HERRN will ich verkünden: / gebt unserm Gott die Ehre! / ⁴ Er ist ein Fels, / vollkommen ist sein Tun, / denn alle seine Wege sind recht; / ein Gott der Treue und ohne Falsch, / gerecht und wahrhaftig ist er. / ⁵ Übel haben an ihm gehandelt, / die wegen ihrer Verworfenheit nicht seine Söhne sind, / ein verderbtes und verkehrtes Geschlecht. / ⁶ Durftest du dem HERRN so vergelten, / du törichtes und unverständiges Volk? / Ist nicht er dein Vater, der dich geschaffen? / Hat nicht er dich gemacht und bereitet? /*

⁷ Gedenke der Tage der Vorzeit, / betrachte die Jahre von Geschlecht zu Geschlecht! / Frag deinen Vater, der wird dir's kundtun, / deine Greise, die werden dir's erzählen: / ⁸ Als der Höchste den Völkern ihren Erbbesitz zuteilte, als er die Menschenkinder voneinander schied, / da setzte er die Gebiete der Stämme fest nach der Zahl der Kinder Israel. / ⁹ Denn der Anteil des HERRN ist sein Volk, / Jakob der Bezirk seines Erbguts. / ¹⁰ Er fand es im Bereich der Wüste, / in der Einöde voll Geheul der Wildnis; / er umhegte es schützend, / nahm sich seiner an, / hütete es wie seinen Augapfel. / ¹¹ Wie ein Adler, der seine Brut aus dem Nest hinausführt / und über seinen Jungen flatternd schwebt, / seine Fittiche über sie breitet, / sie aufnimmt, sie trägt auf seinen Schwingen: / ¹² so leitete der HERR allein das Volk, / kein fremder Gott war mit ihm. ¹³ Er ließ es auf den Höhen der Erde einherfahren, / und es aß die Erträgnisse des Gefildes; / er ließ es Honig aus Felsen schlürfen / und Öl aus Kieselgestein, ¹⁴ Sahne von Kühen und Milch vom Kleinvieh, / dazu das

Fett von Lämmern und Widdern, / Sprößlinge von Basan und Böcke samt dem Nierenfett des Weizens; / und Traubenblut trankst du, / feurigen Wein. / [15] Da wurde Jeschurun fett und schlug aus – / ja, fett wurdest du, wurdest dick, wurdest feist! – und verwarf den Gott, der ihn geschaffen, / und verachtete den Felsen seines Heils. / [16] Sie reizten ihn zur Eifersucht durch fremde Götter, / erbitterten ihn durch greulichen Götzendienst: / [17] sie opferten den Dämonen, die nicht Gott sind, / Göttern, die (vorher) ihnen unbekannt gewesen, / neuen Göttern, die erst vor kurzem aufgekommen waren, / die eure Väter nicht verehrt hatten. / [18] Des Felsens, der dir das Dasein gegeben, gedachtest du nicht mehr / und vergaßest den Gott, dem du das Entstehn verdanktest. /

[19] Der HERR sah es und verwarf sie / voll Unmuts über seine Söhne und Töchter; / [20] er sprach: »Ich will mein Angesicht vor ihnen verbergen, / will sehen, welches ihr Ausgang sein wird; / denn ein Geschlecht voll Verkehrtheit sind sie, / Kinder, in denen keine Treue wohnt. / [21] Sie haben mich zur Eifersucht gereizt durch Nicht-Götter, / mich erbittert durch ihre nichtigen Götzen; / so will auch ich sie zur Eifersucht reizen durch ein Nicht-Volk, / durch einen unverständigen Volksstamm sie erbittern. / [22] Denn ein Feuer ist durch meinen Zorn entbrannt / und hat bis in die Tiefen der Unterwelt gelodert; / es hat die Erde samt ihrem Ertrag verzehrt / und die Grundfesten der Berge in Flammen gesetzt. / [23] Ich will Leiden auf sie häufen, / meine Pfeile gegen sie verbrauchen: / [24] sind sie vor Hunger verschmachtet / und von Fieberglut und giftigen Seuchen verzehrt, / so will ich den Zahn wilder Tiere gegen sie loslassen / samt dem Gift der im Staube kriechenden Schlangen. / [25] Draußen soll das Schwert sie (der Angehörigen) berauben / und drinnen daheim der Schrecken (sie wegraffen), / den Jüngling wie die Jungfrau, / den Säugling mitsamt dem Graukopf.« /

[26] Ich hätte gesagt: »Zerstreuen will ich sie, / ihr Gedächtnis unter den Menschen verschwinden lassen!«, / [27] wenn nicht Verdruß ich vom Feinde her fürchtete, / daß nämlich ihre Widersacher es falsch deuteten, / daß sie sagen möchten: / »Unsere Hand hat obgesiegt, / und nicht der HERR hat dies alles vollbracht!« / [28] Denn ein Volk sind sie, / dem alle Einsicht abgeht, / und

kein Verständnis findet sich bei ihnen. / [29] Wären sie weise, daß sie dies begriffen, / so würden sie bedenken, welches ihr Endgeschick sein wird. / [30] Wie könnte ein einziger Tausend vor sich hertreiben / und zwei Zehntausend in die Flucht schlagen, / hätte nicht ihr Fels sie verkauft / und der HERR sie preisgegeben? / [31] Denn nicht wie unser Fels ist ihr Fels; / das müssen unsere Feinde selbst anerkennen. / [32] Doch vom Weinstock Sodoms stammt ihr Weinstock / und aus den Gefilden Gomorrhas: / ihre Trauben sind Gifttrauben, / gallenbittre Beeren haben sie; / [33] Schlangengeifer ist ihr Wein / und grausiges Otterngift.

[34] »Liegt das nicht bei mir aufbewahrt, / versiegelt in meinen Schatzkammern? / [35] Mir steht die Rache und Vergeltung zu / für die Zeit, da ihr Fuß wanken wird; / denn nahe ist der Tag ihres Verderbens, / und eilends kommt das ihnen bestimmte Schicksal heran.« / [36] Denn der HERR wird sein Volk richten, / aber seiner Knechte sich erbarmen, / wenn er sieht, daß jeder Halt geschwunden / und daß dahin sind Hörige wie Freie. / [37] Da wird er sagen: / »Wo sind nun ihre Götter, / der Fels, auf den sie sich verließen? / [38] Wo sind die, welche das Fett ihrer Schlachtopfer aßen, / den Wein ihrer Gußopfer tranken? / Sie mögen auftreten und euch helfen, / damit sie euer Schirm sind! /

[39] Erkennet jetzt, daß ich allein es bin / und neben mir kein andrer Gott besteht! / Ich bin's, der tötet und lebendig macht, / ich verwunde, aber heile auch wieder, / und niemand kann aus meiner Hand erretten! / [40] Nun denn, / ich erhebe meine Hand zum Himmel / und gelobe: So wahr ich ewig lebe: / [41] Hab' ich mein blitzendes Schwert geschärft / und hat meine Hand zum Gericht gegriffen, / so werde ich Rache an meinen Feinden nehmen / und denen vergelten, die mich hassen! / [42] Meine Pfeile will ich mit Blut trunken machen / und mein Schwert soll Fleisch fressen / mit dem Blut der Erschlagnen und Gefangnen, / vom Haupt der Fürsten des Feindes!« / [43] Jubelt, ihr Heidenvölker, über sein Volk! / denn er wird das Blut seiner Knechte rächen / und Rache an seinen Bedrängern nehmen / und entsünd'gen sein Land, sein Volk.

⁴⁴ Mose ging dann hin und trug den ganzen Wortlaut dieses Liedes dem Volke laut vor, er und Hosea, der Sohn Nuns. ⁴⁵ Als Mose aber dieses ganze Lied allen Israeliten bis zu Ende vorgetragen hatte, ⁴⁶ sagte er zu ihnen: »Beherzigt all diese Worte, die ich euch heute feierlich ans Herz lege! Ihr sollt sie euren Kindern einprägen, damit sie auf die sorgfältige Beobachtung aller Bestimmungen dieses Gesetzes bedacht sind; ⁴⁷ denn es ist kein bedeutungsloses Wort für euch, sondern euer Leben hängt davon ab, und durch die Beobachtung dieses Wortes werdet ihr ein langes Bestehen in dem Lande gewinnen, in das ihr jetzt über den Jordan zieht, um es in Besitz zu nehmen.«

Lithographie Nr. 39: Moses letzte Ermahnungsrede (Dtn 32)

Mose ist sichtbar gealtert. Müde blickt er unverwandt seinem Gegenüber ins Gesicht, dem er noch einmal auf einem Lehrstuhl sitzend seine letzten Ermahnungen mitgibt. Es ist kein erhobener Zeigefinger, den er den Menschen vorhält, eher ist es eine nachdenkliche Geste der rechten Hand, die seine Gedanken formt und umschreibt. Seine Linke ruht in seinem Schoß. Mose ist mit sich und seinem Gott im Reinen.

Gedanken zum Tag

Ob Wilhelm Geyer die Moses-Mappe auch während einer Fastenzeit vor Augen hatte oder gar gemalt hat? Es ist nicht das erste Mal, dass man meint, seine Bildverkündigung passe genau zu Stimmung und Verlauf der österlichen Bußzeit.

Die Abschiedsrede des Mose jedenfalls macht tief nachdenklich. Und wenn man sie mit der Johannes-Passion aus der Karfreitagsliturgie zusammenlegt, dann ergibt sich ein und dasselbe Bild: Gott handelt – und der Mensch vergisst es. Sowohl die Schöpfung wie auch die ganze Geschichte und zuletzt der Gottessohn geben Zeugnis davon, wie Gott wirkt – und die Völker der Erde ignorieren ihn, ja sein eigenes Volk wird wieder und wieder untreu und bringt ihn zuletzt ans Kreuz.

Und doch gibt Gott nicht auf. So wie Mose nicht aufgibt und noch einmal den Finger zur Mahnung und Erinnerung hebt. Mit der Gravität des altgewordenen, erfahrenen Lehrers erinnert er an die großen Taten Gottes. Er vergewissert sein Volk, dass Leben und Tod allein in der Hand Gottes liegen und dem Menschen nicht verfügbar sind. Ja, unser Leben hängt davon ab, wie wir zu Gott stehen.

Kein anderer Gesang der Karfreitagsliturgie führt uns den Zusammenhang und das tragische Drama der Geschichte des Mose und der des Heilands Jesus Christus so vor Augen wie die Improperien.[P]

Doch auch deren Wort- und Bildgewalt können die Leere nicht füllen, die sich ergibt, wenn Gott durch die Hand derer, die er schuf, stirbt und der eingeborene Gottessohn tot am Kreuz hängt.

[P] auch Heilandsklagen genannt, von lat. improperium: Vorwurf, Schelte

O du mein Volk, was tat ich dir? / Betrübt ich dich? Antworte mir! [Q]
Ägyptens Joch entriss ich dich, / du legst des Kreuzes Joch auf mich.
    Heiliger Gott! / Heiliger starker Gott! /
    Heiliger Unsterblicher, / erbarm dich unser!

Ich führte dich durch vierzig Jahr / und reichte dir das Manna dar;
das Land des Segens gab ich dir, / und du gibst mir das Kreuz dafür.
    Heiliger Gott! / Heiliger starker Gott! /
    Heiliger Unsterblicher, / erbarm dich unser!

Was hab ich nicht für dich getan? / Pflanzt dich als meinen Weinberg an,
und du gibst bittern Essig mir, / durchbohrst des Retters Herz dafür.
    Heiliger Gott! / Heiliger starker Gott! /
    Heiliger Unsterblicher, / erbarm dich unser!

Ich führte dich durchs Rote Meer, / und du durchbohrst mich mit dem Speer.
Der Heiden Macht entriss ich dich, / du übergabst den Heiden mich.
    Heiliger Gott! / Heiliger starker Gott! /
    Heiliger Unsterblicher, / erbarm dich unser!

Ich nährte in der Wüste dich, / und du, du lässt verschmachten mich;
gab dir den Lebensquell zum Trank, / und du gibst Galle mir zum Dank.
    Heiliger Gott! / Heiliger starker Gott! /
    Heiliger Unsterblicher, / erbarm dich unser!

Ich schlug den Feind, gab dir sein Land; / und grausam schlägt mich deine Hand.
Das Königszepter gab ich dir, / du gibst die Dornenkrone mir.
    Heiliger Gott! / Heiliger starker Gott! /
    Heiliger Unsterblicher, / erbarm dich unser!

Ich gab dir Gnaden ohne Zahl; / du schlägst mich an des Kreuzes Pfahl.
O du mein Volk, was tat ich dir? / Betrübt ich dich? Antworte mir!
    Heiliger Gott! / Heiliger starker Gott! /
    Heiliger Unsterblicher, / erbarm dich unser!

[Q] Improperien aus der Karfreitagsliturgie in der Übersetzung von Markus Fidelis Jäck.

Lasset uns beten!

Herr, du ...

Allmächtiger, ewiger Gott, durch das Leiden deines Sohnes hast du den Tod vernichtet, der vom ersten Menschen auf alle Geschlechter übergegangen ist. Nach dem Gesetz der Natur tragen wir das Abbild des ersten Adam an uns; hilf uns durch deine Gnade, das Bild des neuen Adam in uns auszuprägen und Christus ähnlich zu werden, der mit dir lebt und herrscht in alle Ewigkeit. Amen.

Vater unser. – Herr, wie du willst. – Ehre sei dem Vater. – Gegrüßet seist du.

Karsamstag

Lesung aus dem Buch Deuteronomium

32 *Moses am Berg Nebo* [48] *An demselben Tage aber sagte der HERR zu Mose:* [49] *»Steige auf das Gebirge Abarim hier, auf den Berg Nebo, der im Lande der Moabiter, Jericho gegenüber, liegt, und sieh dir das Land Kanaan an, das ich den Israeliten zum Eigentum geben will.* [50] *Dann sollst du auf dem Berge, auf den du hinaufsteigen wirst, sterben und zu deinen Stammesgenossen versammelt werden, wie dein Bruder Aaron auf dem Berge Hor gestorben und zu seinen Stammesgenossen versammelt worden ist.* [51] *Denn ihr habt euch inmitten der Israeliten am Haderwasser von Kades in der Wüste Zin treulos gegen mich erwiesen, weil ihr inmitten der Israeliten mir nicht als dem Heiligen die Ehre gegeben habt.* [52] *Denn nur gegenüber sollst du in das Land, das ich den Israeliten geben will, hineinsehen, aber nicht in das Land selbst hineinkommen!«*

34 *Moses Ende* [1] *Als Mose dann aus den Steppen der Moabiter auf den Berg Nebo, den Gipfel des Pisga, der Jericho gegenüber liegt, gestiegen war, ließ der HERR ihn das ganze Land sehen: Gilead bis nach Dan* [2] *und ganz Naphthali, das Land Ephraim und Manasse und die ganze Landschaft Juda bis an das westliche Meer* [3] *sowie das Südland und die Jordan-Aue, die Tiefebene der Palmenstadt Jericho bis nach Zoar.* [4] *Hierauf sagte der HERR zu ihm: »Dies ist das Land, das ich Abraham, Isaak und Jakob zugeschworen habe mit den Worten: ›Deiner Nachkommenschaft will ich es geben!‹ Ich habe es dich mit eigenen Augen sehen lassen, aber hinüber sollst du nicht kommen!«*

[5] *So starb denn dort Mose, der Knecht des HERRN, im Lande der Moabiter nach dem Befehl des HERRN;* [6] *und er begrub ihn im Tal im Lande der Moabiter, Beth-Peor gegenüber; aber niemand kennt sein Grab bis auf den heutigen Tag.* [7] *Mose war bei seinem Tode hundertundzwanzig Jahre alt;*

seine Augen waren nicht schwach geworden, und seine Rüstigkeit war nicht geschwunden.

⁸ Die Israeliten beweinten Mose in den Steppen der Moabiter dreißig Tage lang, bis die Tage des Weinens in der Trauer um ihn zu Ende waren. ⁹ Josua aber, der Sohn Nuns, war mit dem Geist der Weisheit erfüllt, denn Mose hatte ihm die Hände fest aufgelegt; daher gehorchten ihm die Israeliten und taten, wie der HERR dem Mose geboten hatte.

¹⁰ Es ist aber hinfort kein Prophet mehr in Israel aufgestanden wie Mose, mit dem der HERR von Angesicht zu Angesicht verkehrt hätte; ¹¹ (keiner ist mit ihm zu vergleichen) hinsichtlich aller der Zeichen und Wunder, die der HERR ihn als seinen Gesandten in Ägypten am Pharao und all seinen Dienern und an seinem ganzen Lande hat vollführen lassen, ¹² und hinsichtlich aller Erweise von gewaltiger Kraft und hinsichtlich aller erstaunlichen Großtaten, die Mose vor den Augen von ganz Israel vollbracht hat.

Lithographie Nr. 40: Mose stirbt (Dtn 34,7)

Mose richtet sich noch einmal auf. Auch wenn er müde wirkt, sein Körper verfügt noch über Spannung, selbst in diesem Moment. Mit der Hand schirmt er die Augen vor der Sonne und schaut hinüber in das Gelobte Land, das er nicht betreten darf. Es liegt weit unter ihm als große, hügelige Ebene. Wie eine Wolke steht ihm wieder Gott vor Augen; oder ist es Moses Lebensatem, den er aushaucht?

Gedanken zum Tag

Mose stirbt und wird begraben. Sein Grab ist vergessen bis heute. Er ist aus der Geschichte getreten. Seine Reise ist zu Ende gegangen, ohne dass er das Ziel erreichen konnte. Erst seine Nachfolger führen das Volk Israel hinein in das Gelobte Land. Es scheint, seine Mission ist gescheitert.

Von Jesus Christus dachten manche das am Tag nach seiner Kreuzigung auch. Jesus ist gestorben und begraben worden. Aber sein Grab kennen wir. Denn es ist leer! Und dass es leer ist, lässt uns diesen Tag doch ganz anders aushalten. Denn wir wissen, die Vorsehung Gottes misst mit anderem Maßstab als wir, die uns von Erfolg und Zielerreichung blenden lassen. Die Ruhe am Grab des Herrn lässt uns tief durchatmen und Kraft schöpfen für den nächsten Schritt. Wir sind es, die ihn tun müssen. Wir sind gerufen, die Mission Jesu weiterzutragen und die Erde zum Gelobten Land als Reich Gottes werden zu lassen. Denn Jesus wird wieder in die Geschichte eintreten und vollenden, was wir in seinem Namen begonnen haben.

Lasset uns beten!

Herr, der Tod macht mich immer wieder fassungslos und traurig – dein Tod ganz besonders. Ich fühle mich einsam und leer; nur dies lässt mich nicht verzagen: ...

Allmächtiger, ewiger Gott, deinem Willen gehorsam, hat unser Erlöser Fleisch angenommen, er hat sich selbst erniedrigt und sich unter die Schmach des Kreuzes gebeugt. Hilf uns, dass wir ihm auf dem Weg des Leidens nachfolgen und an seiner Auferstehung Anteil erlangen. Darum bitten wir durch ihn, Jesus Christus, unseren Herrn. Amen.

Vater unser. – Herr, wie du willst. – Ehre sei dem Vater. – Gegrüßet seist du.

Ostern

Ostersequenz[R]

Victimae paschali laudes immolent Christiani. / Agnus redemit oves; Christus innocens Patri / reconciliavit peccatores. / Mors et vita duello conflixere mirando; / dux vitae mortuus regnat vivus. / Dic nobis, Maria: quid vidisti in via? / Sepulchrum Christi viventis et gloriam vidi resurgentis, / angelicos testes, sudarium et vestes. / Surrexit Christus spes mea; Praecedet suos in Galilaeam. / Scimus Christum surrexisse a mortuis vere. / Tu nobis, victor rex, miserere! Amen. Alleluia.

Singt das Lob dem Osterlamme, bringt es ihm dar, ihr Christen.
Das Lamm erlöst die Schafe:
Christus, der ohne Schuld war, versöhnte die Sünder mit dem Vater.
Tod und Leben, die kämpften unbegreiflichen Zweikampf;
des Lebens Fürst, der starb, herrscht nun lebend.

Maria Magdalena, sag uns, was du gesehen?
Das Grab des Herrn sah ich offen
und Christus von Gottes Glanz umflossen.
Sah Engel in dem Grabe, die Binden und das Linnen.
Er lebt, der Herr, meine Hoffnung, er geht euch voran nach Galiläa.

Lasst uns glauben, was Maria den Jüngern verkündet.
Sie sahen den Herren, den Auferstandnen.
Ja, der Herr ist auferstanden, ist wahrhaft erstanden.
Du Sieger, König, Herr, hab Erbarmen!

Amen. Halleluja!

[R] Gotteslob Nr. 320

Glasfenster der Apsis von St. Margareta in Margrethausen:
Christus inmitten der Heiligen im Himmel

Am Ziel unserer Lebensreise steht auch unser Gelobtes Land, das Land von dem Gott gelobt hat, es uns zu schenken: Leben in Fülle. Christus erst hat die Tore des Himmels für uns geöffnet, hinter denen dieses Gelöbnis seine Vollendung findet. Die Heiligen haben es bereits erreicht, ihr Lebensbeispiel lädt uns ein, ihnen dorthin fröhlich zu folgen.

Gedanken zum Tag

Den Ostermorgen umweht noch etwas Trauer. Die aber schlägt nach anfänglicher Verunsicherung und ungläubigem Staunen in grenzenlosen Jubel um: Das Grab ist leer! Jesus lebt! Der Tod ist nicht das Ende. Nicht nur einzelne, sondern gleich mehrere bezeugen: Gott hat seinen Sohn auferweckt und damit dem Sterben und Vergehen für immer ein Ende gemacht. Er hat die Sünde der Menschheit und meine eigene Gottferne beendet und uns in seine Nähe berufen. Jesus lebt für mich auf und geht mir dorthin voraus, wo ich ihm begegnen kann.

Am Ende unserer Exerzitienreise angekommen sind wir durch die Osternacht noch einmal an Gottes große Taten erinnert worden. Viele Bilder der letzten vierzig Tage sind noch einmal vor unsere Augen getreten. Noch einmal haben wir von der großen Gestalt des Mose gehört, der sich darum gemüht hat, sein Volk immer und immer wieder mit Gott zu versöhnen, damit es sein Eigentum ist und bleibt. Noch einmal ist uns im Blick auf die vierzigjährige Reise Israels und auf die Passion Christi bewusst geworden, wie zerbrechlich auch unser eigener Glaube ist, wie schnell die Menschheit scheitern kann und auf diese Weise sich und Gott unermessliches Leiden zufügt.

Und mit den Emmausjüngern sehen wir das Gehörte und Bedachte vielleicht jetzt noch einmal mit ganz anderen Augen: „Musste Christus all das nicht erleiden, um so in seine Herrlichkeit zu gelangen"? (Lk 24,26). War der Weg des Mose vielleicht nicht auch eine Voraussetzung dafür, dass wir Tod und Auferstehung des Herrn als das begreifen können, was der Glaube sagt? War er nicht Vorbereitung dafür, im Glauben zu wissen, dass Gott mit uns geht auf all unseren Wegen, ja dass er selbst auf sich nimmt, was immer uns dabei schiefgeht und uns damit hineinruft in die Gemeinschaft des Lebens in Liebe, die nie mehr endet, weil sie in Gott Vollendung findet?

Wir haben Jesus Christus entdeckt als den neuen und endgültigen Mose. Und dieser vollendet, was der erste Mose nur vorausdeutete: Christus führt hinein in das wahre Gelobte Land: ins Leben in Fülle.

Lasset uns beten!

Herr, ich danke dir, dass du auch mir Leben verheißt; bleibe bei mir, denn ...

Allmächtiger, ewiger Gott, am heutigen Tag hast du durch deinen Sohn den Tod besiegt und uns den Zugang zum ewigen Leben erschlossen. Darum begehen wir in Freude das Fest seiner Auferstehung. Schaffe uns neu durch deinen Geist, damit auch wir auferstehen und im Licht des Lebens wandeln. Darum bitten wir durch Jesus Christus, unseren Herrn. Amen.

Vater unser. – Herr, wie du willst. – Ehre sei dem Vater. – Gegrüßet seist du.

Angekommen, um weiterzugehen

Vierzig Tage war ich unterwegs mit Gott. Der Weg war weit, manchmal hart. Die Begegnungen waren mal beeindruckend, mal beängstigend. Mein Glaube hat mal gewackelt, mal ist er fester geworden. Ich habe Neues aus dem alten Schatz der Bibel erfahren und Altbekanntes in den Bildern neu gesehen. Und nun stehe ich im Ziel. Es ist Ostern.

Wie geht es jetzt weiter?

Wenn ich auch nur einen einzigen neuen Gedanken gefunden habe, der mich diesem unfassbaren und frohmachenden Geheimnis nähergebracht hat, dann war meine Exerzitienreise nicht umsonst.

Hoffentlich geht es mir nicht wie dem Volk Israel, das allzu schnell wieder vergisst, was an ihm geschehen ist. Vielleicht bleibt doch der ein oder andere Gedanke als Neu- oder auch Wiederentdeckung bei mir hängen.

Es bleibt vielleicht der Vorsatz, dass ich als neuer Mensch dieses Osterfest und mein ganzes aus der Taufe geschenktes Leben neu angehe: als ein Heimatfinden im Gelobten Land eines gelingenden Lebens mit Gott. Denn jetzt weiß ich sicherer als zuvor: Er ist der Lebendige. Er ist bei mir. Er schenkt sich mir in den Sakramenten. Er verbindet mich durch die Taufe mit all den zahllosen Menschen in seiner Kirche, die mit mir auf dem Weg ist. Er ist mit mir unterwegs zu all denen, die im Himmel schon mit ihm verherrlicht sind und ihn unverhüllt schauen dürfen, wie er ist.

So kann und will ich auf meiner Lebensreise auf ein Wiedersehen hoffen.

Davon muss ich Zeugnis geben! Wer mir begegnet, soll an meinem Leben erkennen können, wer Gott ist. Dass Gott, der Vater, mich als sein Kind geschaffen hat. Dass Gott, der Sohn Jesus Christus, es ist, der mir liebevoll den Weg zeigt. Und dass Gott, der Heilige Geist, mich antreibt und ermutigt, weiterzugehen bis ans Ende – und darüber hinaus.

Gerade erst angekommen bleibe ich weiter unterwegs in mein Gelobtes Land.

Bildnachweise

Die 40 Lithographien der Mappe „Moses" sind wiedergegeben aus einem Originaldruck von Josef Blessing, Ulm, 1947.

Die Bilder der Kirchenfenster von St. Johann Baptist auf dem Bussen (S. 45 und 73) sowie von St. Margareta Margretshausen (S. 243) sind unveränderte Bilder der Fotografin Olga Ernst von der Internetplattform Wikimedia Commons, gemeinfrei nutzbar unter der Creative-Commons-Lizenz CC BY-SA 3.0 „Namensnennung – Weitergabe unter gleichen Bedingungen 3.0 Deutschland".[S]

Das Bild des Schöpfungsfensters im Münchner Dom Zu Unserer Lieben Frau (S. 111) stammt unverändert von TuK Bassler und wird unter gemeinfreier, internationaler Lizenz CC BY-SA 4.0 verwendet.[T]

Die Bilder der Fenster in St. Ägidius Hirschau (S. 141), in St. Ursula Immenried (S. 177) und im Hl.-Kreuz-Münster Schwäbisch Gmünd (S. 207) sind Privataufnahmen. Trotz Recherche diesbezüglich etwa versehentlich übersehene Rechteinhaber mögen sich bitte beim Autor melden.

Die Wiedergabe aller Kunstwerke von Wilhelm Geyer erfolgt mit freundlicher Erlaubnis der Erbengemeinschaft Wilhelm Geyer, Ulm.

[S] Lizenzlink: https://creativecommons.org/licenses/by-sa/3.0/de/deed.de
[T] Lizenzlink: https://creativecommons.org/licenses/by-sa/4.0/

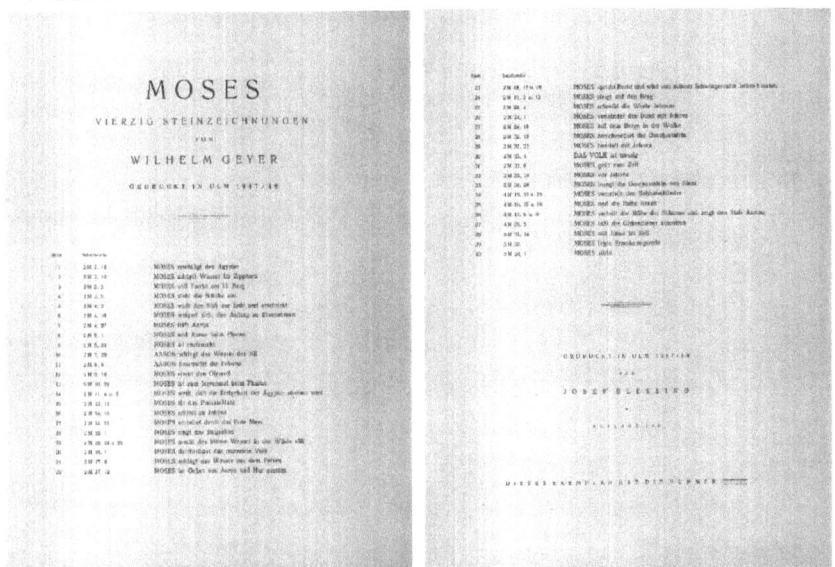

Originalbildverzeichnis der Moses-Mappe

Textnachweise

Die Heilige Schrift ist wiedergegeben nach der Menge-Bibel 1939.[U] Sonstige Einzelzitate entstammen der Einheitsübersetzung 2016.[V]

Die lateinischen Texte entstammen der Nova Vulgata in der offiziellen Version, die vom Apostolischen Stuhl auf der Homepage des Heiligen Stuhls als Editio typica veröffentlicht ist.[W]

Die Gebete des Aschermittwochs, der Sonntage und der Kar- und Ostertage sind die Tagesgebete des Römischen Messbuchs vom jeweiligen Tag.[X]

Die Improperien sind wiedergegeben in der gedichteten Fassung von Markus Fidelis Jäck von 1817.[Y]

Die Ostersequenz ist zitiert nach dem Gotteslob Nr. 320.[Z]

[U] Die Heilige Schrift Alten u. Neuen Testaments: [Mit] Anh. / Übers. v. Hermann Menge, Privil. Württ. Bibelanstalt, Stuttgart 1940. online veröffentlicht von ERF Bibleserver: https://www.bibleserver.com/MENG/
[V] Einheitsübersetzung der Heiligen Schrift, Hrsg.: (Erz-)Bischöfe Deutschlands, Österreichs, der Schweiz und der Bischöfe von Luxemburg, Bozen-Brixen und Lüttich, Katholische Bibelanstalt GmbH, Stuttgart 2016.
[W] https://www.vatican.va/archive/bible/nova_vulgata/documents/nova-vulgata_index_lt.html (06.01.2025)
[X] Die Feier der heiligen Messe. Meßbuch. Für die Bistümer des deutschen Sprachgebietes. Authentische Ausgabe für den liturgischen Gebrauch. Benziger, Einsiedeln und Köln – Herder, Freiburg und Basel – Friedrich Pustet, Regensburg – Herder, Wien – St. Peter, Salzburg – Veritas, Linz 1975 ff.
[Y] Markus Fidelis Jäck: O du mein Volk, was tat ich dir. Improperien, 1817, zit. nach https://www.evangeliums.net (06.01.2025)
[Z] Gotteslob. Katholisches Gebet- und Gesangbuch. Hrsg. v.d. (Erz-) Bischöfen Deutschlands und Österreichs und dem Bischof von Bozen-Brixen, Katholische Bibelanstalt GmbH, Stuttgart 2013.

Dank

Herzlichen Dank an P. Christian Stuefer OT für die Unterstützung bei der Entstehung dieses Exerzitienreisebuches durch Anregungen und Korrektur.

Ganz besonders und vor allem aber herzlichen Dank an Konrad Geyer und den Treuhandausschuss der Erbengemeinschaft Wilhelm Geyer für die freundliche Erlaubnis zur Verwendung der Kunstwerke in diesem Buch.

Vergelt's Gott!